把名帅
作为方法

精益创业的全攻全守之道

唐日新 著

电子工业出版社
Publishing House of Electronics Industry
北京·BEIJING

图书在版编目（ＣＩＰ）数据

把名帅作为方法：精益创业的全攻全守之道 / 唐日新著. —— 北京：电子工业
出版社，2022.8

ISBN 978-7-121-44099-1

Ⅰ．①把…　Ⅱ．①唐…　Ⅲ．①企业管理—创新管理　Ⅳ．① F273.1

中国版本图书馆 CIP 数据核字（2022）第 143411 号

责任编辑：张振宇

文字编辑：杜　皎

印　　刷：三河市良远印务有限公司

装　　订：三河市良远印务有限公司

出版发行：电子工业出版社

　　　　　北京市海淀区万寿路 173 信箱　　　邮编：100036

开　　本：880×1230　1/32　印张：9.625　字数：230 千字

版　　次：2022 年 8 月第 1 版

印　　次：2022 年 8 月第 1 次印刷

定　　价：78.00 元

凡所购买电子工业出版社图书有缺损问题，请向购买书店调换。若书店售缺，请与本
社发行部联系，联系及邮购电话：（010）88254888，88258888。

质量投诉请发邮件至 zlts@phei.com.cn，盗版侵权举报请发邮件至 dbqq@phei.com.cn。

本书咨询联系方式：（010）88254210，influence@phei.com.cn，微信号：yingxianglibook。

当创业遇到足球

——一部拓展关于创业和创业者认知的好书

商业世界充满了来自其他领域的隐喻，如来自战争的"商战"，来自生物学的"共生"，来自物理学的"自组织"，等等。体育运动，尤其竞技体育，包括橄榄球、棒球、拳击、赛马、纸牌等，也给商业世界带来了大量的隐喻。事实上，就像中国的管理者喜欢用战争的隐喻一样，竞技体育的隐喻，也早已成为美国商业文化的组成部分。夸张一点儿地讲，如果你不了解美国的体育文化，就很难听懂美国企业管理者在说什么。

战争与竞技体育的隐喻在商业世界如此盛行，一个重要原因是，战争、商业竞争和竞技体育事实上是现代社会主要的三大组织竞争形态。三者有很多共同的地方：三个领域都充满对抗，三个领域都充满不确定性，三个领域都需要对胜利有强烈的信念和强大的意志，因而都需要战略设计、资源争夺、团队构建、执行落地。所以，战争和竞技体育可以为商业世界的管理者提供独特的视角，从而帮助其更好地理解决定竞争胜负的那些本质要素。

从竞技体育的角度看经营管理，有几部作品是一定要看的。第一部是哈佛商学院教授大卫·尤费的《柔道战略》，将柔道的取胜之道引入了商业竞争，并因此提出了一整套弱小企业如何打败强大对手的战略原则。第二部是詹姆斯·克尔的《全黑军团》，以新西兰国家橄榄球队为案例，从组织的角度介绍如何打造一支持续打硬仗、打胜仗的团队。第三部大概就是唐日新的这部新著《把名帅作为方法：精益创业的全攻全守之道》（以下简称《把名帅作为方法》）了。如果说《柔道战略》是从柔道的角度谈战略，《全黑军团》是从橄榄球的角度谈组织，《把名帅作为方法》就是从足球的角度谈创业。

可能有的朋友会有一个疑问：足球运动和创业毕竟是两个不同的领域，从足球的角度谈创业，能靠谱吗？

关于足球与创业之间深层逻辑的一致性，我很认可唐日新在书中的话："每支杰出的球队都是在追求获胜、最合理的资源配置、无处不在的相对优势、整体高效精确的运转、单点突破等，这些和企业在成长阶段所要追求的使命愿景、发展战略、运营体系、团队搭建、精细化管理、竞争优势等非常相似。"

当然，竞技体育和企业管理确实是两个不同的领域，要想打通二者，你得有跨界的本事。一方面你必须真正懂得竞技体育，另一方面必须对企业管理有鲜活的体验，当然，还要有理论总结能力和文字表达能力。本书作者唐日新恰恰是这样一个具有多重背景的人。

唐日新有近乎完美的商业履历。他早年是 IBM 的亚太销售之星、杰出经理人，拿过无数的大奖；2010 年后从 IBM 出来创业，并以顾问的身份对众多的创业企业进行过辅导。他是典型的连续创业者和深受创业者敬重的"唐老师"，可谓阅人无数，阅世极深，具有丰富的一线创业经验。几年前，他又加入阿里巴巴，担任阿里云的副总裁，看问题的段位自然又上了一层。

唐日新的另一个身份，则是资深球迷。他对足球运动已经到了痴迷的地步，动辄飞到欧洲去观看五大联赛。他对足球运动的解读，很多专业足球评论员都自愧不如。而且，他还在北京大学接受过专业的工商管理硕士教育，酷爱读书、思考与写作。总之，作者既对足球有深刻的理解，又有丰富的创业经验，兼具理论总结水平。显然，从足球的角度谈创业，唐日新可以说是不二人选。这也是他能够写出这本难得的好书的基本背景。

在《把名帅作为方法》中，作者围绕瓜迪奥拉、穆里尼奥、安切洛蒂等名帅的带队经历，以及巴萨、曼联、切尔西等俱乐部的建队理念，结合自身创业的心得，就创业的关键要素做了全面而精彩的阐述。

本书的一大看点，是作者上来就独辟蹊径，将"全攻全守"作为全书的主线。

"全攻全守"是一种足球战术。这一战术的核心，是除守门员外，其余的10名队员全部可以担当进攻和防守的职责。球员在球场上的位置是流动的，中后卫常常出现在前锋的位置，前锋也经常出现在中后卫的位置。不管哪个队员离开自己的位置，都会有其他队友补上他的位置，因此整支球队的阵型始终保持不变。"全攻全守"的踢法，给了每个队员最大的自由度，他们可以出现在场上的任何位置。

在身为连续创业者的作者看来，这与创业企业是非常类似的。用作者的话来说，企业初创阶段资源有限，又急于验证价值，跑通商业模式，狼性、饱和攻击、全员营销、激活个体等，只要想得到、用得上的各种手段都会无所不用其极。在初创企业中，往往一人身兼数职。企业运营机制快速调整、进进退退反复拉抽屉，都是家常便饭。这和足球场上全攻全守打法的模糊位置感、一人多职、相互补位，是一样的逻辑。初创企业必须全攻全守，才能形成一个富有战斗力的整体。

本书的主体部分是体系、资源、执行、信任、阵容、盗梦六个模块，作者分析了创业者如何从全攻全守出发，从足球运动中领悟与借鉴创业之道，可谓酣畅淋漓。

比如，关于体系，作者首先分析了体系在足球运动中扮演的关键角色，并得出了"不同的打法大相径庭，结果却殊途同归，穿越这些神迹的是一套类似方程式的体系在起作用"这样的结论。

在此基础上，作者对创业者提出了这样的忠告："尽快形成体系化作战方式是企业能够充分发挥整体能力的不二法门。尽快把企业的各种要素通过结构化方式连接起来，是企业在初创阶段的必选项。这就像一个教练在建队之初就把战术体系尽可能确定下来，不允许队员随意发挥，而是让大家形成合力。"

比如，关于资源，作者提出，无论是球队还是企业，竞争都是资源的博弈，而竞争优势从本质上来说是局部的和特定的，而不是普遍的和分散的。球队间的比拼各自围绕自身的相对优势，企业间的竞争也不例外。企业应该以强化相对优势为抓手，在资源竞争中拥有相对优势的特定时空圈。如果有这个相对优势，那就坚决执行这个策略，这就是优势策略。

作者特地强调："资源随愿景和战略而来，而不是由资源带来愿景和战略。"对于以资源匮乏为特征的创业企业如何有效地聚敛资源来说，作者的这段话尤其具有启发意义。

比如，关于执行，作者强调，企业初创阶段一定要有对行动的偏好，决策的连续性比完美性更加重要，行动偏好可以减轻决策上的瘫痪状况，帮助避免对完美信息无休无止的追求。作者还指出，并非所有行为都是平等的，有些行为比其他的更能帮助你达成目标。如果你真的想要达成自己的目标的话，首先就应该学会如何鉴别这些事情。

我是学军事出身的，作者的这些观点正是现代军队在执行任务中反复强调的核心原则，所以读到这些话，就会不由自主地生出"隔行不隔理"的感慨。

比如，关于信任，作者提出"所有管理问题都是信任问题"的论断。我相信，如果没有对创业中人性的深刻洞察，他是说不出这样的话来的。作者关于交易型信任和卓越型信任的分析也特别精彩。其中有两段话，尤其可以警醒创业者。

一段话是："在目标明确的情况下，团队力出一孔，当取得阶段性重大成绩以后，内部目标就会分化。目标不一致，团队间的信任就开始松动。"

另一段话是："长久的信任关系应该是彼此视对方为完整的人，基于对方的完整诉求，再围绕共同的目标和经历，建立发展更加个人化的关系，体恤对方完整的关切，而不是仅把对方视作自己前进道路上的一块拼图。"

信任是领导力的前提，相互信任也是创业成功的团队最突出的特质，但是信任，尤其持久的信任，又总是最难的。作者的这两段话，对于创业团队如何建立信任提供了很好的思考基础。

书中精彩的观点还有很多，在这里就不再剧透了，还是请朋友们自行去感受吧。我最后想说的是，创业确实是很难的事情。关于创业的书已经很多了，一位资深球迷兼连续创业者基于自身的创业经验和对管理的长期思考，从足球运动的角度来反思创业的那些事，据我所知这是第一本。本书就像一脚刁钻的任意球，从一个独特的角度重新审视了创业实践，拓展了我们关于创业及创业者的认知，书中随处可见的洞见更令人拍案叫绝。谷歌联合创始人拉里·佩奇曾说："那些最令人惊叹的商业理念，通常来自商界之外的人。"本书作者也说："用竞技体育隐喻企业运营，可以用不相关的类比来降低确定性偏差。这种跨界类比能够打开我们的思路。"相信读完这本书的朋友，对上面的这两段话一定会高度认可。

宫玉振

北京大学国家发展研究院管理学教授

北京大学国家发展研究院 BiMBA 商学院副院长

2022 年 4 月 20 日

目录
CONTENTS

在20世纪30年代的大萧条期间，球赛观众人数减少了12%。聚集许多足球俱乐部的英格兰北部经济受到重创。和别的行业不同，各支球队互帮互助，共渡难关，因为他们知道足球比赛是需要对手的。1931年，阿森纳队（以下简称"阿森纳"）用一张3450英镑的支票拯救了另一支球队。人们在赞赏兵工厂[①]义薄云天之余，其实也不必太过惊诧，他们也是在拯救自己。因为他们知道，足球俱乐部真正的竞争对手不是友军，而是时间和自己。

足球俱乐部不仅做时间的朋友，在现实中也真的有朋友圈。

一般同城球队容易成为死敌。以英格兰足球超级联赛（以下简称"英超"）为例，比如人所共知的利物浦队（以下简称"利物浦"）和埃弗顿队（以下简称"埃弗顿"）的默西塞德德比[②]，曼彻斯特联队（以下简称"曼联"）对曼彻斯特城队（以下简称"曼城"）的曼市德比，阿森纳对托特纳姆热刺队（以下简称"热刺"）的北伦敦德比等，彼此间基本上是"如果邻居降级了，我开香槟庆祝"。但是，这种"仇恨"也仅仅限于娱乐和感情上，一支球队彻底被消灭，对其死敌来说并没有实质性的好处。我曾经问过一个利物浦的忠实粉丝怎么看待埃弗顿，老人家开玩笑说，他希望埃弗顿永远存在，因为如果有人问他埃弗顿在哪里的时候，他就可以每次都讲这个冷笑话："距离利物浦大约10分

---

① 　阿森纳队最初由伦敦一家兵工厂的工人建立，故俗称"兵工厂"。

② 　德比（Deby），体育术语，一般指同一地区两支球队的对抗。

（时间、积分）……"

而除了同城死敌，联盟中有一批球队相互帮扶，当然不是在竞技成绩上帮扶，而是在运营层面提供助力。曼联、埃弗顿、阿斯顿维拉队（以下简称"阿斯顿维拉"）、纽卡斯尔联队（以下简称"纽卡斯尔"）、西汉姆联队（以下简称"西汉姆联"），以及利物浦、米德尔斯堡队（以下简称"米德尔斯堡"）、维冈竞技队（以下简称"维冈"）等球队，彼此在青训、球员转会等方面形成了一种默契。各支球队之间相互竞争、互相塑造，共同演化。

第三看取悦客户的方式。很多企业把"客户第一""客户是上帝"挂在嘴边，赢得客户的青睐是企业生存、发展的根本。足球俱乐部与其说是商业俱乐部，不如说它更具有社团属性，球迷与俱乐部的关系比消费者和企业的关系紧密得多。球迷对俱乐部经营的影响比客户对企业经营的影响要直接。普通消费者感觉不爽最多掉头就走，而球迷不高兴，会打横幅，烧球衣，寄恐吓信，围攻训练场，在看台上给管理层添堵，而球迷组织对俱乐部施压往往能够奏效。1997年亚洲十强赛，中国队对伊朗队，2：0领先，大连金州球迷全场高喊换李铁，中国队主教练戚务生顺应球迷换下了李铁，之后便兵败如山倒。在2021年国际足联世界杯（以下简称"世界杯"）亚洲区预选赛中，已经成为中国队主教练的李铁再次听到了熟悉的声音。之后没多久，李铁再次黯然"下课"。很难说这种换人没有取悦球迷的成分，从时间线来看，被取悦的很可能是同一拨人。

相比企业，足球俱乐部似乎更加明白赢得球迷的心才是其最重要的生命线。企业取悦客户要建立在理智的经营、性价比最优的基础上，而足球俱乐部非理性得多。炒掉功勋卓著的教练组，重金买来飞扬跋扈的球星，听上去就太任性，但足球俱乐部就是喜欢这样的非理性繁荣。究其根源，你会发现这是非常现实的选择，只要有球迷支持，球队就能逢凶化吉。球迷给予球队巨大的回报，狂热而盲目的爱赋予足球俱乐部某种图腾的象征。通常说来，只要情感得到满足，球迷不太介意俱乐部的财务状况、高管的职业操守，甚至球队的成绩。很少有人乐于承认自己是某个商业骗局的受害者，但对自己是某支球队几十年的忠实球迷，甚至陪伴球队降过级引以为豪。不管球员是否作风糜烂、球队经营者有何种丑闻、球队水平有多差，总有一群人痴痴追随，只为一个名字、一个队徽、一个符号。所以，只要能取悦球迷，那就是地球上最为稳定的营生。

那么足球让球迷获得了什么呢？第一是娱乐。比赛就是演出，冠军能使人疯狂，而打法漂亮、风格鲜明的球队一样能让人赏心悦目。第二是社交。共同的爱好是永恒的话题，纠集一批弟兄一起看球、一起神侃完全超越了比赛本身。第三就是归属感。团队和地域形成同频共振，一句"代表上海的只有申花队"，瞬间就能把人分成两大阵营。"人是体育的尺度"，球队的策划与设计，都是围绕着如何取悦球迷，让球迷有更多"获得感"而展开的。很多时候，人们不仅喜欢足球本身，还喜欢球队营造的场景中浸润的情感、意志、人格和品位。

所以必须承认，足球俱乐部通过一百多年来的精心设计，让我们这些凡夫俗子有话题、有兴奋点、有参与感、有乐子，让我们寄托幻想、宣泄感情，让我们心里有火、眼里有光。那些所谓的球队愚蠢拙劣的经营活动，都是他们太想取悦球迷，不得已而为之的，这也是足球俱乐部几乎永不消失的原因。与之相比，企业在取悦客户方面似乎太过精明。

我们习惯用成功企业的经验来对标当前企业的困境，比如风险投资公司经常评估标的公司是否是"下一个腾讯"或"某行业中的Salesforce"。这种对标非常容易让人从逻辑判断落入故事陷阱，因为对标通常源自局部场景，无法重现真实全景。正如"锚定效应"可以用"再锚定效应"来对抗一样，用竞技体育来类比企业运营可以降低确定性偏差。这种跨界类比能够让我们打开思路，对抗最先出现的锚定对标的吸引力。

当然，足球运动是一个复杂且深奥的项目，我只能叙述它的基本框架，甚至只是一个简陋的框架，以保证我能够展现和诠释这个框架。我并没有美化足球，只是不断地挖掘它。足球自身有它的力量，每多挖掘出一根枝条，就多展示一层茂密，越来越枝繁叶茂。这不是一个有结论的话题，毕竟在真实世界里并没有真正意义上的结论。

Tiki-taka 还是摆大巴

通往自由之路是一个漂亮的体系。

——菲尔.杰克逊

第一节
"瓜穆相看"的体系

"瓜穆相看"不是错别字，这是足坛一个特有的现象，说的是瓜迪奥拉、穆里尼奥两位杰出的教练，用各自截然不同的比赛方式，分别带领不同的球队取得各种胜利的事迹。

瓜迪奥拉安静优雅，略带禁欲系的精致感。专注、深刻、内敛是瓜帅招牌似的特征，至少看上去是这样的。瓜帅出道于巴萨拉玛西亚青训营，作为西班牙国家队主力后腰参加过世界杯，可谓系出名门。退役后，他执教巴萨，拿过六冠王，打造了当时享誉足坛的梦之队。离开巴萨后，瓜帅到拜仁慕尼黑队（以下简称"拜仁"）执教，连续三年蝉联德国足球甲级联赛（以下简称"德甲"）冠军。尤为重要的是，他把巴萨的传控打法移植到了德甲霸主身上，从根本上改变了拜仁的打法，进而影响了德国国家队的战术，使德国国家队在2014年世界杯上以一种技术流的踢法夺取冠军。到英超之后，瓜帅又带领曼城三夺英超冠军，其中在2017—2018赛季创下联赛18连胜，以领先第二名曼联16分的绝对优势夺冠，而极具统治力的传控打法横扫英超。三支球队分别来自西班牙、德国、英格兰，人文、历史、风格、文化迥异，但在瓜迪奥拉的魔法调教下，每支球队都如出一辙——极致传切、高位逼抢、碾压式的控球，这种有着极高辨识度的踢法俗称"Tiki-taka"。

如果说瓜帅是进攻足球的代表，那么穆帅就是防守足球的极致，他们都是同一时代的"毕加索"。

穆里尼奥被球迷戏称为"魔力鸟"，带有一种愤怒青年的气质。穆帅从业之初是巴萨的翻译，和瓜迪奥拉曾经是同事。穆帅虽然出身"草莽"，却有着极高的悟性和不服输的斗志，后来转型做教练，先后在波尔图队（以下简称"波尔图"）、切尔西队（以下简称"切尔西"）、国际米兰队（以下简称"国际米兰"）、皇马担任主教练。在此期间，穆里尼奥率队在葡萄牙足球超级联赛（以下简称"葡超"）、英超、意大利足球甲级联赛（以下简称"意甲"）、西班牙足球甲级联赛（以下简称"西甲"）取得联赛主场连续9年、共150场不败的纪录，并夺得7座顶级联赛和2座欧洲冠军联赛（以下简称"欧冠"）冠军奖杯。2013年7月，穆里尼奥重返切尔西，随后率队夺得2014—2015赛季英超联赛冠军。2016年7月，穆里尼奥出任曼联主教练，次年获得英格兰足球联盟杯（以下简称"联盟杯"）、欧洲足联欧洲联赛（以下简称

"欧洲联赛"）、英格兰社区盾杯（以下简称"社区盾杯"）冠军。

如果说瓜帅的传控像水银泻地，那穆帅的防守反击就是重甲骑兵。紧凑的队形，极具压迫性的逼抢，拼尽全力的落位，从前锋开始的防守，每球必争，身体接触，密不透风的防守，这种绞肉机式的踢法就是穆里尼奥的标志。穆氏球队喜欢在后场囤积重兵，以防守为主，伺机偷袭，这种打法就像在门前停了几辆大巴车，让对手无法逾越，因此被戏称为"摆大巴"。

草莽英雄穆里尼奥通过"摆大巴"，依靠密不透风的防守立于不败之地；天子门生瓜迪奥拉通过 Tiki-taka 极致的传控、碾压式的进攻掌控了比赛。不同的打法大相径庭，结果殊途同归，其中是一套类似方程式的体系在起作用。从第一天开始，这就是一个稳定的体系，球队的一切运作都围绕着体系来进行，资源的配置、人员的使用都从属于体系。体系服务于目标，目标也立足于体系。基于这套体系，个体和团队和谐统一，体现出系统性的强大组织力。

两位主帅从竞技角度给观众带来了极致体验，也从体系运转角度展现了平行世界。足球比赛是多个个体（要素）的微观行为集合体，颇有些"源自微动机的宏观行为"的意思，这是经济学家托马斯·谢林对复杂行为的一种解释。所谓体系，就是复杂自适应系统，就是各种要素通过某种结构化方式联系起来的系统，一种能够在不断变化的环境中适应和发展的系统。

一、组织身份是构建体系的第一步

"组织身份"是组织对自己如何区别于其他组织的一种定义，包含个体在组织中的定位及其拥有的各项权利、职责、义务、规范与行为模式的集合，以及人们对具有特定身份的人的期望。组织身份具有鲜明性、独特性和持久性的特征。

在"Tiki-taka"和"摆大巴"体系中，球队整体的身份特征非常清晰，球员个体和球队整体相得益彰，俨然一副"不是一家人，不进一家门"的样子。无论你原来是谁，进入这个群体立即变成穆氏、瓜氏足球哲学的践行者。穆帅的球员就等于是最会防守的球员，哪怕是前锋也是最会防守的前锋，因此穆帅的前锋需要全场反抢。瓜帅的球员就是最会进攻的球员，哪怕是门将也是最会进攻的门将，所以门将要拥有卓越的传球技能。

身份作为一种聚焦，能使人们搞清周围环境的意义，搞清外界的期望，用反馈来指导行动。环境限制、外界期望、行动反馈结合在一起，能够使团队在"我们是谁"和"我们做什么"之间建立一种连接。在组织中，群体身份远比个体身份重要，初创团队尤甚。一个初创团队，个人特征融入组织特征的程度，将直接影响这个群体的凝聚力。弱化个人身份，强化组织身份，这样的组织会为成员提供统一的身份感。群体身份感会给成员带来安全感，过去的各种帮派、堂会皆有此作用。通过身份感和安全感的持续强化，归属感也就油然而生。在企业初创阶段，团队处于磨合阶段，身份感会驱使组织成员淡化个人利益，强化集体利益，有助于大幅降低企业初创阶段的管理成本。

组织身份还是影响团队表现的一种驱动力。个体身份是一个相对中性且长期的定义，与当下的目标关系不大，而组织身份有鲜明的指向性。如IBMer、阿里人等，这种标签化个体与行为有着必然的联系。组织身份能够带来目标感和向心力，例如，我是IBM的一员，我在参与一家百年科技企业的成长；我是阿里巴巴的员工，我代表着互联网企业的顶尖水平，有"六脉神剑"（阿里巴巴的价值观俗称）护体……这是一种无形的向心力。另外，身份本身和某些行为高度相关，比如，瓜帅手下球员的主业肯定是传控、穆帅手下球员的主业必须是防守，这样的身份就成为行动的代名词。同样，高科技、互联网，百年老店、行业新锐……身份本身蕴含着组织和个体的行为内涵。

当人们拥有自己所在团队、组织、事业或社群的统一身份时，自己的目标与所属集体、所属领导者及集体其他成员的目标会趋于一致。大家在朝着共同的目标前进的过程中，主观在维护自己的身份统一，客观在维护组织身份的一致性。目标的一致性会产生一种秩序感，组织秩序会渗透到个体的日常生活中去。拥有了秩序感，个体会产生安全感。在秩序井然、安全感充分的环境中的个体行为具有高度的可预测性。正是这种可预测性，使领导者能够采取有计划的行动，来完善和维护组织的愿景。

　　企业在初创阶段面临大量的不确定性，确定的身份感有助于消除群体的不安，使大家专心扮演一个被设定好的角色。即使在"剧本"不清晰的情况下，依然能够把主要人设演绎出来。当人们在安全的、秩序井然的环境中，共同演绎一个统一的剧本的时候，很容易产生心有所属的感觉。这种归属感会激励个体更多地参与活动并且更有效率。同时，归属感有助于人们相互理解，加强组织成员与领导者之间的纽带关系，增强人们的自我价值感。归属感不仅与个人的良好状态息息相关，也与组织的状态息息相关。当人们感到有所归属时，更有可能与身边人的态度和行为保持一致，有助于组织提高整体性，而这一切都是从身份认同开始的。

　　在IBM工作的时候，"IBMer"（IBM）是大家经常提到的名词。从来没有对IBMer的书面定义，但公司内部和外部对IBMer的认知大体一致。专业、科技、人文关怀是大家公认的IBMer的几个特征，当然这是企业的主要特征，但需要每个员工在日常工作中去践行。于是，无论是新员工还是老员工，无论是基层还是高层，无论是真的认可还是装样子，大家都在自觉维护这个定义。原因显而易见，这个身份特征对组织、对个体都是有益的。作为IBMer个体，意味着是专业人士，有一定的技术含量，具有人文底蕴。这种印象使个体在生活中很受尊重，也有一定的亲和力，有利于开展工作。作为组织，专业、有科技感、有人文关怀，这简直就是一家伟大企业必备的素质，谁不希望与这样的组织合作呢？这样的组织提供的产品和服务肯定错不了。所以，这种组织身份让个体和组织双双获益，自然大家要自觉地强化身份略框架下正确落位。15次只是一个数字，并非绝对意义的规定，瓜迪奥拉强调通过多次传控这种有组织的行为来贯彻本方战术思想。

近年来，很多从传统企业出来的职业经理人加盟互联网企业，往往觉得互联网企业比较"灵活"、比较"乱"。这一方面说明互联网企业充满活力，另一方面也是调侃互联网企业组织行为的碎片化。然而，当面对大型企业级客户时，统一组织行为才能最大限度地发挥合力。

2018年，企业级服务市场快速增长，常年服务终端消费者的某互联网企业也开始进军这个领域。为了统一行动，公司策划了一个占领"省会高地"的营销计划。配合该计划的关键动作有两个，一是直接划拨了60名销售和售前人员进驻北、上、广、深等节点城市，二是锁定全部省会城市和直辖市及计划单列市的头部客户。该计划的灵魂并不是要求业务团队具体在哪一天赢得哪个省哪个市的哪个项目，它的精髓是，企业不能陷入全面作战，必须快速在各地的头部地区站稳脚跟，然后发挥以点带面的效应，打时间差，在竞争对手尚未迎战的时候，下沉并占领市场。制订和实施计划的过程，就是团队上下统一战术边界的过程。占领"省会高地"计划本身是不是能顺利实施，这是无法预测的。但是，市场中的每个人，从领导到一线战士都知道：在面对什么客户的时候必须抢时间，必须竭尽全力；面对什么情况的时候可以缓，可以迂回；我们可以调动的资源有多少。大家在随机应变的时候，会贯彻这个战略思路。所以，即使计划本身并不精确，但计划的灵魂一直在，这个组织行为的模型一直在。在落地过程中，这一战术边界就如同"15次传球再进攻"一样，把个体行为规范到同一战术框架内，有助于形成统一的组织行为。

与"省会高地"策略相比，我在创业阶段曾经发布过一个"饱和攻击"策略，这个策略就显得略微飘忽。"饱和攻击"策略源自华为的全面覆盖目标客户的打法，听上去比较有煽动性，但缺乏具体的目标。同时，这个策略的战术边界也没有约定，什么动作可以做、做到什么程度并没有预先约定。后来，我复盘的时候发现，团队成员在执行这一策略的时候，经常出现无法对标组织要求的情况，基本上打到哪里算哪里，无法把握进退的尺度，组织行为在这一阶段暴露出了分散、无边界、不统一的问题，所以效果差强人意。

2. 理清资源框架

让组织内的人有一个资源框架，是形成组织行为的另一个抓手。有了战术边界，在边界内行事的人都会去周围摸索资源框架。瓜氏球队攻防转换的原则是以攻代守，一旦在我方集结的区域丢球，队员便迅速前压，夺回球权，切割对手，自身不分离。因此，在进攻过程中，队员会对落位的队友有基本判断。防守的资源源自进攻落位的情况，一旦丢失球权，每个队员便可以瞬间预判参与反抢的资源有多少，为接下来的动作做好准备。比如，在三角进攻体系下去评判球员，不会让球员觉得是在对他们进行个人攻击。职业运动员对批评极为敏感，因为他们几乎每天做的每件事都会受到教练、媒体甚至普通电视观众的评判，企业中的人也是如此。作为教练，你要在比赛中做出许多抉择，其中最棘手的就是是否换上替补球员，以及何时换。教练通常会通过派上替补球员来提升球队的整体表现，从而改变比赛的走向。在企业运营中，临阵换将，进行组织调整是司空见惯的，"去人格化的评判形式"，相对于直接换人显得更加中性，大家会在向前行军的状态中，比较理性地看待这个问题。

案例1 ▶ ▶ ▶

碎片化迭代

曾经有段时间流行过一种说法：面向企业的服务迎来了春天，于是很多初创团队号称提供企业级服务。我作为行业老兵和顾问曾经近距离辅导过几家企业，其中有一家年轻的企业——A公司，它至今让我唏嘘不已。

A公司负责人鹿总非常年轻，学生时代在学校代理几款热门网络游戏，赚到了第一桶金。鹿总对所谓企业级服务缺少经验，认知水平与有10万多粉丝的公众号相当。鹿总虽然知道自己不了解这个领域，但并不知道自己到底是什么水平，于是聘请了一个运营团队来主导公司的日常工作。

　　这个团队的骨干来自国内顶尖企业华为，核心人物是韩京，曾经是华为 19 级的管理人员。韩京抱着打造国内最好、最专业的服务团队的目的，与鹿总一拍即合。企业级服务的核心是产品，关键是服务，保障是交付，因此这个团队把主要精力放在了产品和服务内容的打磨上。初创阶段，百废待兴，决策机制、支撑体系、反馈机制都没有形成，阶段性 KPI 也尚未确定。由于实际控制团队对业务的认知水平远不及运营团队，所以老板基本上放权给运营团队，但因有顾虑及个人控制欲，时常在侧面审视运营团队的进展。

　　资本市场对鹿总的要求是高速增长，事实上这与企业发展的阶段不符，但鹿总出于组织平稳方面的考虑，并未明确给运营团队下达具体的发展目标。事实上，鹿总有自己的小算盘：

- 当前的运营团队是能请到的性价比最高的团队，太大的压力容易使其动作变形，不如边走边看。
- 自己对业务不精通，与当前的运营团队相比差距较大，过多干涉有可能帮倒忙，不如自己一旁乐观其成。
- 自己是做企业的天才，通过迭代，任何事情都可以搞定。业务内容只是阶段性的，企业平台才是根本。

　　而运营团队也有自己的计划：
- 企业在初创阶段实现规模性盈利依赖的条件太多，需要循序渐进，创始团队未必明白，也未必有这个耐心。
- 以当前情况看，如果想达成目标必须补充资源，需要在研发、交

　　付、销售各方面迭代，具体操作非常复杂，运营团队自己搞
　　不定。

- 既然企业在各方面都很模糊，现处于人治阶段，在推进业务的同
  时巩固自己的地位很重要。

　　随着时间的推移，大家都在各自的领域忙碌，两条平行线几乎没有交集。终于，大家发现双方渐行渐远，运营团队发现缺少业务资源投入，实际控制团队发现营收不如预期。于是，企业负责人提出引进域外的老葛。老葛也是运营团队的老相识，是壳牌公司在中国的代表。老葛在业内长袖善舞，经常搞些所谓的大项目。韩京在华为打拼多年，对各界人士都有很深的了解，对于老葛这种商业掮客早就见怪不怪。既然老板要请外援，自己也没有不欢迎的道理。于是，韩京向老板表示，老葛这样的外援越多越好。但是，韩京知道，老葛实际上就是商业掮客，这样的人对业务有一定的补充作用，在某个节点可能会提供助力，在正面战场主攻就不是他们的特长了。但是，此类商业掮客善于游说，对所谓企业家有一定的诱惑力。老葛这种人的特长在于搞关系，动辄策划一些所谓上亿元的重大投资项目。企业在发展阶段，需要迅速增长，鹿总原来很少接触这类项目，对此有颇多憧憬情有可原。然而，重大项目需要资源的投入。随着时间的推移，韩京发现老葛的团队牵引公司将大量资源投入所谓新项目中，从参谋本部逐步成为作战本部，使公司原有的业务举步维艰，实际上架空了运营团队。

　　韩京对此深感忧虑，他尝试与鹿总进行深度沟通。韩京深知产

业和行业的发展深度，老葛的团队根本无法驾驭。然而，创始团队急于给资方交代，借与韩京讨论业务的契机，明确提出换帅，并以组织迭代的名义高调进行。韩京的团队无法接受这个既不专业也不职业的做法，便集体离职。鹿总知道这是一个双输的局面，但为了维护个人权威及出于想赌一把的投机心理，接受了这个结果，且在各种媒体高调宣传企业的组织升级。韩京和公司有股权纠纷，愤然把公司告上法庭，双方由此都遭受大量损失，虽然达成和解协议，但已经势同水火，这和当初蜜月期的卿卿我我形成了巨大的反差。老葛一方本来就是以空中打击见长，以前有韩京的地面部队，还显不出劣势，没有了韩京的配合，日常运营和地推的短板马上就暴露无遗。而鹿总又忙于和韩京团队的纠纷，无暇顾及公司治理，老葛团队立即变得手足无措，进退失据，造成了大量的浪费及客户投诉。这些商誉和业务损失给公司带来了巨大的伤害。老葛团队在支撑一年多后也黯然离场。

这个案例可谓错误万花筒，突出的问题是组织迭代过于频繁，几任高管都觉得伤了自尊，无形中创造了"宫斗"的氛围。

简单来说，无论是Tiki-taka，还是摆大巴，或者三角进攻，都对成员有特定的要求。比如，穆里尼奥的摆大巴战术必须有一个站桩式中锋，如德罗巴、本泽马、伊布拉西莫维奇（以下简称"伊布"）、卢卡库。所以，如果大家对这个体系的认知一致，那即使是梅西，也可能不符合穆里尼奥的要求。这并不代表梅西的水平差，相反他在瓜迪奥拉的体系下成为一代球王。马塔之于穆里尼奥，伊布之于瓜迪奥拉，这些杰出的球员在不合适的体系下都无法发挥出自己的水平。

回头来看，如果鹿总能够进行体系设计，在体系内进行组织迭代，按照去人格化的方式进行评价，可能有完全不一样的效果。无论是韩京还是老葛，都是有能力的人才，一个科学稳健的框架体系，能够让不同的个体形成合力，也能够充分发挥个体的作用，尊重个体的关切点，把大家充分团结在一起。

二、连贯的权宜之计

当然，没有哪家企业在成立的第一天就有完善的体系，企业都需要边干边建。传统管理实践重试错、轻连贯，大多数聚焦于大干快上的权宜之计，缺乏一致性的系统设计。

虽然管理实践是由多个"权宜之计"组成的，但体系构建需要的是"连贯的权宜之计"。回顾上文讲的A公司的问题，第二个错误就是"权宜之计"不够连贯，既然体系的力量偏弱，那么韩京和老葛之间的衔接就不应该采用休克疗法。抛开个体的独特偏好而言，传承和扬弃是一个健康组织的基本功，当然，这与创始团队早期的顶层设计息息相关。

当今足坛重建能力最强的主教练当属穆里尼奥，他非常善于运用连贯的权宜之计。穆帅一般接手球队的第一年，会通过修修补补把球队的体系向着自己希望的方向迭代。这里最重要的是，穆帅会务实地带领球队取得一些小型杯赛的胜利。从波尔图的葡萄牙联赛杯到冠军杯（欧冠），从切尔西的社区盾杯到联赛冠军，从国际米兰的杯赛冠军到三冠王（联赛、意大利杯、欧冠），从皇马的国王杯到联赛冠军，无一不是体现着穆帅率队积小胜为大胜的方法论。穆帅连贯的权宜之计，一方面是逐步树立队员的信心，另一方面也是为证明体系的正确性树立样板。他通过树立队员取胜的信心和对体系的信心，为下一步动大手术赢得支持，进而向更加宏大的目标迈进。

案例2 ▶▶▶

连贯性迭代

老左是标准的学霸。从麻省理工学院毕业后在微软工作了6年。31岁那年，他不甘于稳定的外企生活，为了寻找未来的方向，跑回国内创立了B公司，主攻机器视觉领域。很多人创业都是从身边熟悉的人开始搭建团队，这样有利有弊，因为团队的能力不一定跟你要做的事相匹配。老左也不例外，但他在麻省理工学院的经历告诉他，只有找最好的人才有未来。

第一阶段：按照既定的框架体系进行迭代，这是B公司的基本逻辑。

首先，核心团队必须有坚定的信念。合伙人必须真金白银往公司投钱，这是投名状。你不投钱没法证明自己与公司共进退。当然，你没钱也没关系，可以采用股权质押的方式向公司借钱。总之，合伙人需要身体力行，表明立场。其次，所有合伙人的投票权都放在创始人这里。这样做有一定的风险，创始人必须足够强，成长得足够快，能做到公平才行。它的优点是，避免了早期不必要的分歧，后加入的合伙人也不会有意见，保证了组织行为在核心层的统一。再次，高管层的薪水，1/4 由现金组成，3/4 是股票期权。这是检验你是不是真的相信这个公司，与这个公司共同承担风险。这两点可以保证初创团队筛选出有决心的人，并且大家要真正地为自己的利益负责。最后，在每轮融资的时候，管理层都会做跟投。管理层做跟投，是深度的利益绑定。公司后面调整人员的时候，相对好调整，为什么？因为管理层不断增持股份，再引进牛人，都是帮自己打工的。有了利益的里子，大家都不会太纠结面子的事情。

第二阶段：高速发展期的组织迭代。

两年后，B 公司进入高速发展阶段，这个时候面临的主要问题，就是有一些初创时期的高管跟不上企业的发展了。怎么办？这也是创业公司都会遇到的一个坎。关键的是，从开始的时候，老左就立下一条规矩：管理层以两年为期进行迭代，股权和期权会保留，但职位不会永远保留。职位每年都会评估，但股权、期权不因为职位的调整而改变。但是，一旦离开公司，就不再享受股权增值收益。

B 公司的管理团队必须能上能下。同时，公司每年都会对运营体系进行论证，基于对体系的适应程度来评估人才的选、育、用、留。比如，公司处于强调研发的阶段，高管团队里面没有研发经验的人员就要让位给有研发经验的人员，或者到研发团队去历练。公司处于侧重交付的阶段，有客户工作经验的高管就会走到前台，鼓励大家到一线。每个时段的战略决定公司的运营体系，运营体系决定人才迭代。其中首席技术官黄博士的离开，就是这种体系迭代的经典案例。

黄博士毕业于美国哥伦比亚大学，是和老左一起从美国回来的兄弟。创业之初，两个人一起搭建了研发团队，开发了早期的多款产品。随着企业的愿景越发清晰，围绕客户的整体服务需求越发凸显出来，而黄博士本人不大喜欢与各种客户打交道，他也逐渐发现自己更喜欢通过技术来为产业赋能。在创业的第三年，公司要打造客户服务体系，各级高管都要怀抱客户第一的理念走向前台、支援一线。经过和老左的深入交流，黄博士开始第二次创业，带领几名追随者去攻克视频结构化的前沿课题，而B公司成为黄博士组建的公司的大股东之一。在年会上，老左和全体员工共同祝愿黄博士取得成功。这次高管迭代，大家的目的都是一致的，按体系的要求做出取舍，同时孵化出新生力量，对B公司是一个增值的结果。

人类的性格中有一种叫作"变化免疫"的因素：强大的习惯性行为模式会严重阻碍我们处理那些生死攸关的重大问题。改变现状会激发矛盾，让隐藏的冲突浮出表面。

管理理论家罗纳德·海菲茨和马蒂·林斯基认为，"希望看到一切井然有序，这是人类根深蒂固的本性。组织和群体在进行反击之前的忍耐力是非常有限的"。

企业的组织更迭是永无止境的，"连贯的权宜之计"在体系的庇护下会有效地控制住反击烈度，约束各方的能量，也会再造新的能量。

第三节
体系构建的两大抓手

一、效用大于效率

哈耶克说过:"市场是一种十分复杂的现象,它取决于众多个人的行为,人们对决定一个过程结果的所有情况,几乎永远不可能进行充分的了解或计算。我得承认,我更喜欢'虽不完美但正确'的知识,即便它留下许多无法确定和预测的事情,而不是那种'貌似精确但很可能错误'的知识。"

穆里尼奥的防守反击深刻地诠释了虽不完美但正确的打法。

2020年2月3日0时30分,英超联赛第25轮比赛迎来重磅对决,穆里尼奥麾下的热刺坐镇主场,迎战瓜迪奥拉手下的曼城。作为足坛宿敌,此次瓜穆相争看点十足,而对曼城和热刺两支英超豪门来讲，这场比赛也是极具战略价值的。最终，坐镇主场的热刺2:0击退曼城，热刺新援贝尔温斩获处子球、韩国国脚孙兴慜打进一球。值得一提的是，从场面来看，以传控为信仰的曼城队占据了比赛场面的主动，但最终取胜的却是执行穆里尼奥一直被人诟病的"摆大巴"战术的热刺。

本场比赛的最终结果与比赛场面似乎不那么一致。看了这场球的球迷朋友肯定会有一种感觉：曼城怎么打都不进球，热刺一出手就得分。造成这种情况的原因到底是什么？赛后数据统计显示：曼城的控球率高达64%，几乎达到了热刺的2倍。在射门方面，曼城有惊人的18脚射门，射正多达5次，却没有取得一粒进球。而热刺全场只有3脚射门，全部射正，攻进两球。值得一提的是，曼城在占据主动的情况下，进攻次数达到69次。想必大家会觉得控球率、射门次数远低于曼城的热刺，进攻次数或许只有几十次，但热刺的进攻次数同样达到了64次，几乎与曼城持平。

穆里尼奥的球队不追求控球，甚至放弃大量球权，只专注于攻守转换的瞬间。热刺只要拿球就会迅速出球，直捣曼城两肋，整体运转非常流畅。正是在这种理念的指导下，热刺的球员虽然技术略显粗糙，但效用却远远高于追求精细配合的曼城球员。在控球率几乎是对手一半的情况下能打出相近的进攻次数，在射门次数是对手1/6的情况下能取胜，这证明穆里尼奥的摆大巴战术是一种实事求是的效用型打法。

我在明略数据任首席运营官期间，曾经推出过三大理念——创业经理人、饱和攻击、恒温交付。这三个理念涵盖了组织身份、组织行为、互惠之环三个部分。这几个理念本身并无不妥之处，而且看似高端、效率很高，但落地效果差强人意。这三个理念都具备一定的辨识度，利于传播，比较受媒体和资方的青睐，但用来具体指导工作颇有难度，不具体、不聚焦，也缺乏路径，有点儿雷声大雨点小之嫌。前文提到的瞄准"省会高地"的打法，实际效用极大，扎实到位，而我提出的三大理念因缺少关键动作而实际效用非常低。

效率和效用在企业转型中并不是一种取舍关系。这一原则指的是先确定你是否在做对的事，再确定你是否以对的方式在做这些事。企业在初创阶段缺少框架体系，能量容易溢出，不易形成合力。在A公司的案例中，鹿总迅速请来老葛替换韩京，看似效率很高，实际的效用却恰恰相反。这就像足球比赛，每个人都知道把球踢进对方球门是比赛目的，但断然不能一味大脚向前踢。对A公司来说，领导层的本意肯定是效率和效用并重，但操作手法过于简单粗暴，缺少体系约束和系统设计。无限的梦想和有限的资源之间的矛盾，在企业初创阶段尤其突出，急于求成，寄希望于能人一招解决问题，也是忽视甚至无视体系的一种表现。依托能人效应提高整体能力固然可取，但如果能力不在体系内施展，过程就无法追踪，结果无从预判，即使有效，也很难复制。这种不可追溯的情况还会产生罗生门般的效果，比如，在不能达到预期的时候，到底是预期的目标有问题，还是执行预期的人有问题，这些很难搞清。

二、种子法则

体系的中心是创始人及实际控制团队。要让体系运转起来，创始人必须先播下一颗"种子"来启动飞轮，然后自我增强。要形成飞轮，比较棘手的问题是，如何解决"鸡和蛋"的问题。在一切就位之前，公司如何获得最初的动能？在一般情况下，启动飞轮需要有免费的"鸡"或"蛋"，到底是"鸡"免费，还是"蛋"免费，并不重要。市场中通常会有合适的一方成为种子，另一方就成为利润来源。启动体系运转的关键就在于这颗种子的价值张力。

在我过去20年的职业生涯当中，看到过两个经典案例。这两家公司，都是IBM的合作伙伴，也就是所谓传统集成商。集成商在过去的概念当中，就是把上游公司的相关产品，通过一些解决方案整合到一起，卖给下游的最终用户，实现产品价值和服务的增值，商业模式相对比较简单。当然，在20年前，这样的商业模式也是具有一定技术含量的。但是，从整个商业链条来看，集成商本身并不掌握核心产品，它的真正优势在于整合、集成及服务，这是它的核心竞争力。

极致低价

有这么一家公司，我们姑且把它叫作 C 公司。C 公司在做集成交付的过程中，旗帜鲜明地打出了低价策略。这种策略对上游企业压力是非常大的，毕竟集成商是把上游几家公司的产品整合起来，再销售给下游用户的。集成商的售价很大程度上受制于上游的供货商，所以想实现极致低价必须对上游供货商的行销体系、价格策略甚至人员的脾气、秉性有深刻了解，才能够对上游供货商的价格最大限度地压榨。由于对上游供货商过于严苛，使上游供货商对该公司抱有一定的敌意，甚至敬而远之，在某种程度上影响了 C 公司的营销业绩。但是，C 公司一直坚持低价策略，而这种低价策略在下游的用户那里得到了广泛好评。因此，C 公司获得下游用户的支持，反过来倒逼上游供货商降价。在这样的博弈过程中，C 公司的商业模式始终围绕着低价，从上游获得最低价格，对下游提供最低价格，简单地循环。C 公司在整个行业内独树一帜，其用人及激励政策方面都围绕低价格、高性价比，减少中间环节。经过长期的迭代，低价、没有中间模糊地带成为 C 公司的标志性特征乃至竞争优势。

C 公司形成这样的运营体系与创始人自身的特质息息相关。这家公司的创始人凡事都追求节俭。从创业第一天起，他就一直穿一件蓝色西装，开一辆普通轿车，多少年没有变化，无形中在企业运营中埋下了极致低价的种子。比如，自己从供货商提货之后，无论在终端用户那里的售价是多少，都会以最低的毛利给最终用户提供产品和服务。在整个行销过程当中，上游的供货商经常和这家公司商量可不可以提高售价，这样供货商及 C 公司都能在局面可控的情况下，获得更高的收益。C 公司的员工也经常纠结于是否可以获得超额利润，每当与他沟通是不是可以提高售价时，他都会坚持原则。无论采购价格有多高，C 公司都坚持给对方提供在自己可能范围内的最低的价格。同时，C 公司对上游供货商施加最大的压力，让供货商提供价格最低的产品。久而久之，这个公司对外的形象就是，无论怎样都要价格最低，这样才会与你合作。在公司内部，销售、技术、采购、人力等部门都知道公司的行为体系是对外提供最低的价格，由此减少了部门之间的协商，摩擦也减少了，逐渐形成了不加思索的行为模式。

案例4 ▶ ▶ ▶

生态朋友圈

D 公司的情况与 C 公司的情况截然相反。D 公司的起步阶段也是在 20 年前，当时也是一家集成商。D 公司采取的模式，就是广泛地与上游供货商构建朋友关系。如果借用比较流行的定义，D 公司就是在早期建立了良好的生态系统。由于和上游各级供货商建立了良好的关系，D 公司事实上成为上游企业在市场端的延伸，形成了与上游供货商荣辱与共的紧耦合态势。在商业模式及行销方面，D 公司都围绕上游供货来迭代。D 公司一方面与生态伙伴同频共振，吸收了对方大量的先进经验和资源，另外一方面不断寻找上游生态的短板，把自己的核心竞争力构建在生态伙伴急需补强的短板上。这样一来，相较其他的同类型企业，D 公司更能与上游供货商的命运紧密挂钩。所以，在很多方面，生态伙伴在维护自身利益的同时，也主动或者被动地维护 D 公司的利益，使 D 公司在发展过程中得到了广泛的助力。

D 公司的创始人天性张扬，交际广泛，创业之初就在业内有良好的口碑。上游的几家大型企业经常会有一些局部的竞争，D 公司往往出面协调，因为大家都信任他。由 D 公司充当中间人或集成商，各家企业都比较放心。有时候，D 公司掌握了一手客户，公司员工往往会有不顾生态伙伴利益的想法，而他总是强调生态共赢。久而久之，公司的运营体系就是围绕着生态共赢去迭代，在很多领域甚至不保留自己的团队，真正把后背交给了伙伴。

以上两家公司，C 公司围绕低价，D 公司围绕共生，利用自身禀赋打造了运营体系，对企业长期发展起到了至关重要的作用。直到股票上市之后，两家公司依然展现了截然不同的运营理念，这都源自创始人最早播下的种子。

一位顶级投资者曾说过："当我看到合适的团队时，我感觉其模式似曾相识。这样的团队及团队成员之间的默契与其他成功的团队不完全一样，但仍然有一个模式。这个模式不会是相同的，但看上去很熟悉。"其实，这个模式并不复杂，就是解答了我们是谁（组织身份）、我们做什么（组织行为）、我们怎么做（互惠之环）这三个问题。这个模式就是体系。

番外
构建体系，自带体系，融入体系

企业在从无到有、从 0 到 1 的创业阶段，最好的经营方式就是四个字——精益试错。核心秘诀就是快，快速试错，快速迭代。但试错不是胡乱发力，至少要摸着石头过河，也就是要有一定的章法。这就像一支新组建的球队，在一定的战术框架下去试验，否则输了不知道怎么输的，赢了也不知道怎么赢的。这个时候，创始人和团队必须有意识地构建体系化运营框架。进入第二个阶段，从 1 到 N，复制和扩张，这时候公司的经营方式就要切换，不再是快速试错、迭代，而是追求标准化和一致性。因为只有标准化，才能实现产品和服务的一致性，而只有一致性，最终才能复制和放大。运营体系就是跨越第一阶段和第二阶段的必经之路。选择何种体系与创始人的心智特点及企业所处的现实环境息息相关。体系的构建绝不是孤立的，既是组织设计的结果，又是不断迭代的产物，是复合效应的结果。但是，无论如何，尽快形成体系化作战方式是企业能够充分发挥整体能力的不二法门。尽快把企业的各种要素通过结构化方式连接起来，是企业在初创阶段的必选项。这就像一个教练在建队之初就把战术体系尽可能确定下来，不允许队员随意发挥，而是让大家形成合力。

作为经理人，加入一个企业即加入某种体系，需要明白当下的体系是否适合自己。如果自己与体系无缝连接，那么可以充分发挥自己的作用，反之则无从发挥。如果无法在短时间内适应体系，就要知道能否改变自己。所谓适应体系，与其说是适应企业文化，不如说是适应企业的运营体系。比如，传统的企业是典型的纵向发展模式，而互联网企业则崇尚横向发展模式。对前者而言，企业运转靠科层制的金字塔体系，你需要向上汇报、对下负责，搞定老板就搞定了大部分。在互联网企业，你需要横向跨界交互，几乎要向所有人汇报工作，仅让老板满意还远远不够。这是一种"创造性混乱"状态。很多新创意，在前期形成的过程中往往都是看似胡闹的混乱状态。当团队处于混乱状态时，为了尽快摆脱这种状态，团队成员会更专注地思考问题，采取行动。你如果习惯于一板一眼的计划性工作，便会错过这类提升自我的宝贵机会。正如博格巴、马夏尔这样喜欢控球的球员，他们的能力施展的基础就是盘带，这种能力永远不可能适应穆里尼奥的防守体系，所以怎么调整，对双方都是一种浪费和伤害，果断分手对大家都好。

企业家和经理人之间有某种博弈：企业家希望企业向体系

化方向发展，正如一支球队必须靠某种体系来保障整体发挥；而经理人总是希望充分释放自我，不受束缚。体系也是文化的一部分，是文化在组织方式层面的一种表达，所以适应体系也是融入文化的重要一步。

主力、替补及队医

真正的能量，是在做看不到结果的事的时候，才会涌现出来。

——键山秀三郎

　　教练下课很常见，功勋卓著的教练因为队医下课就很特别了。特别的事情就发生在"最特别的"穆里尼奥身上。穆里尼奥第一次接受英国媒体采访时曾说："我不是自大狂，我是欧洲冠军，我是最特别的那一个。"球迷中流传"穆三年"定律，意思是说，穆里尼奥在执教球队的第三年必然下课，但他第二次执教切尔西的下课经历实在过于奇葩。

　　2015—2016赛季第一场比赛，在斯坦福桥球场，切尔西在与斯旺西队（以下简称"斯旺西"）的比赛中表现相当疲软。门将库尔图瓦被红牌罚下场，蓝军仅剩十人应战。切尔西的进攻核心阿扎尔在前场突破时被斯旺西队长威廉姆斯绊倒在地，主裁判随即出示黄牌警告威廉姆斯，而阿扎尔倒地不起。面对核心攻击手的倒地，切尔西女队医埃娃和同事立刻冲入场内查看伤情。根据英超规定，只要接受了队医的入场处置，球员就必须出场治疗，在边线处等待裁判批准后才能回到场内。因此，阿扎尔只能随队医暂时离开球场。如此一来，原本十人作战的切尔西，在阿扎尔离场的这段时间内不得不以九人应战。

　　队医治疗球员，这本是球场上常见的一幕。然而，此时场边的穆里尼奥却暴跳如雷。在埃娃返回替补席时，穆里尼奥对她大声咆哮。穆里尼奥认为，阿扎尔倒在地上并非因为受伤，而是太累了，想休息一会儿。埃娃的错误入场，导致切尔西只能有九人留在场上，失去了绝杀对方的机会。赛后，穆里尼奥在接受采访时严厉批评了埃娃和医疗组其他人员："对于医疗组今天的表现，我很不高兴。不管你是球衣管理员，还是医生，或者行李员，你都需要理解比赛。你应该知道，切尔西本来就少一名球员，冲到场内观察球员情况的前提是，你要确定球员在经受严重的伤病，否则没有必要。"

也许，随着比赛的结束，这个事件就该结束了。但是，事件远没有想象的那么简单。随着各路媒体的广泛跟进和报道，球迷开始关注这一事件，并几乎一边倒地支持埃娃。而埃娃也在社交媒体上有点挑衅穆里尼奥地回复球迷："我想感谢那些给予我支持的球迷朋友，真的非常感谢你们。"这件事的发展让穆里尼奥怒不可遏。随后，他向埃娃实施了几乎最为严厉的处罚：埃娃被剥夺了队医的权利，不能参加球队训练课、比赛或者随队进入酒店，更不要提在比赛的时候进入球队替补席了。换句话说，尽管名义上仍是切尔西医疗组的一员，但她已经被穆里尼奥封杀了。在遭到穆里尼奥封杀后，埃娃并不打算妥协和示弱，她无法接受自己的职业精神遭到公开质疑。在咨询律师的意见后，埃娃要求穆尼里奥向她个人及医疗组公开道歉，否则不惜与"狂人"对簿公堂。

穆里尼奥对埃娃的粗暴行为引起国际足联的关注，但切尔西坚称此事是"内部人员"的问题，并且不予评论。穆里尼奥被问及英格兰足球总会（简称"英足总"）将调查其是否辱骂女队医埃娃时，只是说："我不认为这样的调查会产生影响。"英足总对穆里尼奥在英超首轮切尔西对阵斯旺西的比赛中涉嫌用脏话辱骂女队医埃娃的事件展开调查，如果证实这位切尔西主教练违反了英足总的规定，他将会被禁赛5场。

蓝军主帅与女队医埃娃公开发生口角之后，切尔西队内的各种矛盾相继爆发，"穆二期"从此走向下坡。2015年12月，穆里尼奥从斯坦福桥下课。"队医事件"可以算作穆里尼奥执教生涯中的一个节点。功勋卓著的冠军教练能够因材施教，充分利用现有资源打出卓越的比赛，也会因"权变因子"——队医——而黯然下课。因此，对资源要素的驾驭始终都是无法回避的课题。

第一节
所谓竞争就是资源博弈

　　"分析战术打法后，你会发现基本上就是规避弱点、彰显优势的过程。归根结底，足球比赛的概念十分简单，就是获得对手不具备的优势，而这已经困扰人们上千年了。"

——切尔西前主教练詹卢卡·维亚利

一、聚敛资源是追求卓越的保证

　　企业、球队、个体都有追求卓越的使命，其生存与发展就是对周边资源（市场、人才、生产物资、主力队员、替补队员、后勤保障、队医等）的消耗不断增加的过程。与既定生存空间的变化、可用资源的增长相比，这种消耗速度更快，意味着要面对越来越激烈的资源竞争。随着既定空间内的资源越来越少，竞争就会越来越惨烈，就算是具有竞争优势者，也将因资源消耗速度大于资源增长速度，而导致成长放缓，甚至萎靡。在自然情况下，所有组织的成长之路越走越艰难，任何一种资源的减少或枯竭，都会对组织产生致命的影响。尽一切可能聚敛资源，已成为组织的工作常态，聚敛必要的资源、储备资源是维持组织持续发展的保证。

所谓资源，基本上可以分为有形资源和无形资源。有形资源，如人力、物力、财力、场地等；无形资源，如技术、知识、组织、社会关系等。

简单来说，想让球队踢出 Tiki-taka 式足球，必须有能控球的双核，有能够快速空切的双翼，有长传精准的后卫，以及脚法出众、能充当传球手的门将，这些是作为基础的有形资源。没有这些有形资源，甚至缺少任意一个因子，任何教练都难以带出优秀的球队。但是，光有优秀的队员，没有技战术体系，队员间缺少化学反应，即使瓜迪奥拉也不可能调教出梦之队。因此，我们看到他在拜仁、曼城都不遗余力地按照这种要求去配置球队。从巴萨的哈维、伊涅斯塔、布斯克茨、梅西，到拜仁的罗本、里贝里、穆勒、拉姆，再到曼城的德布劳内、大卫·席尔瓦、阿圭罗，球队的每个位置上几乎都是顶级的球员，每个位置都有两名以上水平接近的队员进行轮换，整体配置几乎"武装到了牙齿"，令同行赞叹不已。2019—2020赛季之初，天空体育采访穆里尼奥，请他预测新赛季英超联赛哪支球队能够夺冠。穆里尼奥回答："有四支球队，利物浦、热刺、曼城一队、曼城二队……"

这是在开玩笑，但顶级球队拥有顶级配置是不争的事实。所以大家经常说，某支球队综合实力更高一筹，说的就是这支球队拥有的资源更多，配置更有效。

系列赛需要拉长时间周期，看球队的综合实力，企业的发展也是如此。企业能发展到什么程度，与企业所能协调的各种资源息息相关。

2016 年，我参加了一个创业活动。那时我们刚刚以很高的溢价拿到几亿元 B 轮融资，钱包还未捂热就迅速为 C 轮融资布局。当时我很不理解，连续融资对股权的稀释有很大影响，为什么这么快就启动新的融资。于是，我和董事长商量是否可以放缓融资节奏，原因很简单，我们真的不需要那么多钱。董事长为我分析了当时的情况：我们做的是安防行业的大数据分析，比较热门，这一行业聚集了很多玩家。这些玩家大多数是 2015 年前后出现的，从产品技术到落地应用都不太成熟，基本上都是在炒概念和进行早期市场培育。他判断这个赛道会比较拥挤，基本上头部的两三家企业跑出来，这个游戏就结束了。由于研发成本非常高，交付的用户价值比较模糊，各个公司其实都在烧钱，几乎没有哪个企业实现盈亏平衡。所以，资本在那个时候不仅是助推器，还是维持生存的基础资源。获得这种资源在市场上是需要付出代价的，资本不会无底线地投入，窗口期非常短，因此迅速获取资金，不让竞争对手获得相关资源，或者使竞争对手只能获得较少资源，就成了一个重要的战略。

同时，我们借助资本的力量全面推进市场覆盖，在很短的时间内业务遍及几十个城市。在项目交付方面，我们又提出了恒温交付理念，这些尚未成熟的理念和些许成绩借助媒体的包装宣传，无形中为企业树立了一个行业领军者的形象。一系列操作之后，从融资节奏和估值，到市场美誉度及理念输出，我们都成为市场上的一面旗帜，使后来几乎所有融资标的（从融资额度到体量，从产品成熟度到市场美誉度）都要与我们对标，我们有意无意地给竞争对手设置了一个较高的门槛和投资标准，无形中加大了竞争对手获取资源的难度。随着C轮融资落地，我们在融资能力上成为业内第一。此时资源的虹吸效应也发挥出来了，品牌价值得到了很大的提升，很多客户慕名找到我们寻求合作，人才也纷纷向我们聚拢，获客成本、人才获取成本下降了。

回看当年的工作，有很多值得商榷的地方，但迅速获得资本的青睐、最大限度地获取资本，这个聚敛资源的策略是卓有成效的。

聚敛资源对于成熟企业依然有效。2018年，第一届数字中国建设峰会之后，产业互联网的大潮兴起。某大型互联网公司决定全面进军城市治理数字化转型领域。公司做出战略方向调整之后，第一个动作就是给了相关部门500个招聘指标，且要求三个月之内必须把人招进来，标准还不能降低。那时相关部门一共才60人，可能太久都没有打过这么"富裕"的仗了，大家一开始根本不敢相信。在人力资源部门强力督促下，大家将信将疑地开始招聘。后来，大家才明白，大型城市数字化治理方面的人才相对稀缺，启动这项业务的关键是要有人，迅速聚敛资源是决定这项业务顺利进行的基础。

于是，该部门迅速成立了咨询业务组、架构业务组、顶层设计业务组、区域销售业务组、区域技术支撑组、总部客户组等几个人才需求大类，根据业务类别做好了人才画像。区域销售业务组要求应聘者必须是定居当地的人员，熟悉当地的风土人情，方便开展工作；顶层设计业务组和咨询业务组要求应聘者必须有咨询公司背景，这样比较容易有宏观视角；区域技术支撑组要求应聘者必须一专多能；等等。根据这些业务场景，大家盘点了市场中开展同类业务的企业，提取了各类企业在以上方面的细分能力，然后有针对性地在细分领域做好了人才盘点，开始招贤纳士。随着招聘的深入，大家逐渐明白，在一项业务快速启动的初期，人才战略是具有决定性的。随着短时间内500名业内专家型人才到位，该公司业务在当年取得了突破性的战果，增速超过100%。虽然大量人才的涌入产生了一些负面问题，但总体来说，人才的迅速聚集还是具有战略突破的效果。初创企业在业务不明朗的阶段，尽最大努力获取资源是一个稳赚不赔的生意。

二、有效资源或有毒资源

1. 博格巴的管理学困境

法国中场巨星博格巴可能创下一个纪录，有望以顶级管理难题而进入 MBA 教材。

博格巴是当今足坛非常出色的中场球员之一，比他更好的同位置球员屈指可数。博格巴看起来粗犷，却是一名极具天赋的球员，左右脚能力非常均衡，双脚都能完美射门和传球。博格巴在队员组织及进攻上更有天赋和能力，技术全面、球场视野宽阔、身体强悍及在中场位置上的多面性让他成为当今足坛最受瞩目的顶级球员之一。

2016 年，博格巴以当时最高的转会费 8900 万英镑加盟曼联，但 5 年来一直没能证明自己是物有所值的球员。曼联原计划围绕博格巴建队，因为他出自曼联青训体系，有着纯正的"血统"，在尤文图斯效力的几年大杀四方，已经成长为能攻善守的顶级中场球员。然而，穆里尼奥、索尔斯克亚、朗尼克，三位风格迥异的教练都没能让博格巴充分发挥出世界第一中场球员的价值。

有这么一种观点，曼联买了博格巴，却提供不了让他发挥作用的中场架构，配套资源不够。这种观点在某种程度上有道理，曼联在 2016 年夏天买下博格巴时，球队的中场球员有费莱尼、埃雷拉、施奈德林，以及老迈的卡里克、施魏因施泰格和鲁尼。对于一个在尤文图斯时跟皮尔洛、比达尔、赫迪拉和马尔基西奥搭档的球员来说，这是一个很大的冲击。所以，一年后，曼联签下了落位更佳，有身体，有意识，也有技术的中场球员马蒂奇和他搭档。发现这招不管用时，他们又签下速度更快、更硬朗的中场球员弗雷德跟他搭档，结果还是不行。博格巴和马蒂奇、弗雷德、麦克托米奈，以及之前的埃雷拉都打过双中前卫，也踢过三中场球员的阵型。任何一个肯花时间研究数据、试图找出博格巴怎么才好使的人，可能都会得出相同的结论：当博格巴心情好，或者当对手给他发挥魔术传球的时间和空间时，曼联中场球员怎么组合都好使；而当这两个条件不具备时，怎么组合都不好使。

当然，博格巴有时真的很好使。2018年世界杯，以博格巴为核心的法国队夺取了冠军。时任曼联主教练穆里尼奥暗示，博格巴在一个"他只思考足球，和球队其他队员一起训练，完全与外界隔绝，大家只关注足球，比赛中各个方面对他只有激励"的环境下，才能表现出色。

我尝试把穆里尼奥的话"翻译"一下，大概有如下三点：

（1）博格巴不喜欢约束，不要指望他全场遵守战术纪律，无论是进攻还是防守。

（2）博格巴非必要不参加防守，所以必须为其搭配至少两名以上可以覆盖全场的"清道夫"和"僚机"。

（3）博格巴只喜欢在特定的时期保持专注，比如每场比赛的部分时段，或者一个赛季的部分场次。

博格巴对曼联无疑是一个重要的战略资源，他在尤文图斯和法国队都有很好的框架支撑。换句话说，他在尤文图斯和法国队有相应的配套资源，有其他队友去做所有他不做的事，所以他可以踢得风生水起……而曼联无法提供这样的资源，博格巴就会变成有毒资源，至少不再那么出色了。德国化学家李比希提出的著名的"最小因子定律"，与此有异曲同工之妙。在李比希看来，农作物种植领域，如果缺少任何一项要素（如磷元素），即使有再多的其他要素都不管用。博格巴是一盘好菜，但没有足够的佐料和配菜，不会变得美味，关键是别人没兴趣支撑他。

案例5 ▶▶▶

资源的南橘北枳

回到案例1中提到的初创企业A公司。创始人鹿总请来了老葛，老葛之于鹿总就如同博格巴之于曼联。老葛名满天下，是一个可以围绕其建队的股肱之臣。而老葛也不负众望，在落地之初便大展拳脚。他的特长是具有广泛的政商人脉，这也是鹿总看重他的地方。与地方政府深度合作是鹿总希望A公司能够迅速加强的方面。

为抢占大湾区发达城市的市场，老葛牵线搭桥，邀鹿总与当地一家房地产开发商共同投资一个产业园。为吸引高新科技企业在当地落户，各级政府往往提供非常优惠的落户政策，不光给予现金补贴，还会在业务拓展方面给予支持，优先选择本地企业。几年前，"双创"大潮席卷全国，各地的创新谷、创业产业园发展很快。产业和城市发展的融合是一种很好的发展模式。但是，地方政府及开发商的需求很模糊，基本上只要企业有意愿来落户就欢迎。其实，这很好理解，开发商和地方政府立足于本地，只要企业落户就不愁把税收、用工留在当地。然而，无论是来一个企业还是一百个企业，当地资源就那么多，依然要靠市场竞争去获取。因此，A公司这种明星企业，各地方政府自然趋之若鹜。

鹿总认为这是一个双赢的选项。第一，基于市场宣传的考虑，和大湾区地级市共建产业园区，投入几千万元获取一个市场制高点，这种无形资源非常稀缺，对于提高自己在市场上的影响力会有巨大的帮助。第二，投资当地的产业园，有机会获得地方政府的部分产业资源支持，有机会在当地深耕。假如拿下几个地方的标志性项目，A公司的经济效益和社会效益都将非常可观。基于这样的两个考虑，鹿总投入5000万元，与一家地方企业成立了创新谷。

能够高举高打、快速赚钱的资源对于任何企业都有诱惑力，初创企业更难抗拒。

这种资源首先具有一定的排他性，其次具有想象的空间。但是，此类资源需要大量配套资源加持，相当于博格巴所需的支撑环境。老葛来自传统企业，成熟企业相关资源配套成熟，能够充分利用政商关系并扬长避短。鹿总的A公司是高科技领域的技术型公司，产品和服务是主业，获客和增长的核心驱动力是技术进步。产业园和政府关系高度依赖运营能力，这是老葛擅长的，但不是A公司擅长的。在这种特定的环境下，投资获得的市场宣传效应具有两面性：一方面，A公司的确获得市场的关注，市场认为A公司已经逐步获得了主流机构（比如地方政府）的认可，提升了A公司的市场地位。另一方面，高科技企业进入传统地产领域，严重冲淡了企业的高科技特征，终端市场的反馈偏负面。大量客户及相关伙伴对于A公司的技术方向和产品能力产生了不小的疑虑，毕竟主业尚未完全突破，如此大的跨界动作，很难不让人认为其不务正业。而对于当地政府来说，这是标准的招商引资的政绩，当地政府对这种事有标准化的宣导、奖励及资源配套引导。但是，对于A公司这样的科技感强，甚至略带极客精神的企业，这样做除了增加公共关系方面的工作量，还增加了浮躁作风。地方政府所谓的资源倾斜，只是停留在浅层次的引导上，并不是行政命令，将其转化成经济效益依然需要充分的市场竞争。当地的各路"诸侯"早就深谙此道，能够剩下的留给外来的初创企业的项目，只是一些残羹冷炙。

资源本身是中性的，博格巴在俱乐部和国家队判若两人，老葛的产城融合策略放在成熟企业和初创企业中也有云泥之别。资源都是有价值的，没有绝对意义的好坏，关键在于业主是否驾驭得了。

2. 未经审视的资源不值得信赖

在企业初创阶段会有大量资源随风而至，这些资源都是提供方自身的处境投射。资源的即插即用是不存在的，未经审视的资源不值得信赖。

第一，仔细选择谁才是能够真正给予你资源的人。长期利益一致的伙伴提供的资源需要重视，长期伙伴能够形成深度连接关系，互相成就，这种伙伴提供资源大多数出于理性，尤其在轻量级战术性资源方面，比如某种优质的客户关系、某个正在寻求合作的团队。采纳长期伙伴提供的资源，会省去大量的甄别成本，资源的契合度相对较高。

第二，在共赢局面下，与资源提供方的价值兑现节奏最好一致。A公司投资产业园，地方政府和本地合作伙伴是资源提供方，地方政府在A公司落户的时候基本进行了价值兑现，本地合作伙伴在A公司资金投入的时候也是如此，但三方的长期利益并不完全一致。A公司投资产业园并非自己的主营业务，其寄希望于融入当地政商圈子，实现价值兑现，但价值兑现周期非常漫长，这种低效的资源造成浪费也就不奇怪了。

第三，不要患上资源依赖症。曼联用8900万英镑签下博格巴的目的是获取优势资源，在穆里尼奥与博格巴发生冲突的时候，管理层选择了博格巴。这在某种程度上代表了管理层的思维，希望依靠优势资源搞定一切。继任者索尔斯克亚自然深刻领会了管理层的意图，完全围绕博格巴来打造球队，希望通过相对简单的工作获得成功，而结果就是球队继续蹉跎了三年。

企业拥有优势资源是幸运的，但依赖优势资源就会带来风险。其中一个显而易见的风险在于，企业不需要认真地做战略工作就可以获得成功。如果你拥有某项优势资源，或者拥有某种垄断权力，那么在很多年里，无论采用什么样的经营方式，利润都会滚滚而来。创造这些战略资源的确需要一定的创新才能，但一旦将其创造出来，在一定时期内，不需要任何创新就可以利用这些资源赚大把大把的钱。现有的资源可以为创造新资源发挥杠杆作用，但也可能阻碍创新。确立优势地位的企业必须不时地抛弃原有的资源，正如必须淘汰落后的机器一样。

案例6 ▶▶▶

蓝色巨人的蓝色怪圈

　　我曾经工作过的IBM就有一个经典的案例。20世纪90年代末，IBM奥斯汀实验室开发出了"铜芯片"，IBM牢牢掌握着这方面的专利权。由于这种芯片计算能力超强，消费者愿意花更多的钱购买一台拥有铜芯片的IBM服务器，而这种设备的制造成本并不高。由于享有巨大的技术优势，IBM建造工厂生产小型机服务器，并建立了销售网络和售后服务网络。任何一家传统的服务器公司都不能对IBM构成有实质意义的挑战。IBM做出了所谓的"战略规划"，但只是列出了各种财务预测。IBM面临的挑战很小，对设计型战略的需要并不迫切，因为芯片技术是一种独特的资源，足以在激烈的市场竞争中使其占据领先地位，而且产品售价远远超过了制造成本。芯片技术成为IBM的战略资源，这种战略资源类似建设一座大坝，付出很多劳动才能建造一座大坝，而大坝一旦建成就可以使用很久，不必付出额外的劳动。2010年，随着云计算技术的崛起，采用单一服务器的芯片技术逐渐被云计算技术取代。IBM之前拥有超强的战略资源，而优越的资源弱化了企业打造复杂的运营体系的必要性，使其疲于应对，在企业级云计算市场中节节败退。

有效资源和有毒资源都是相对的，队医之于切尔西，博格巴之于曼联，老葛之于A公司，小型机之于IBM，都是如此。所以，我们必须重视最小因子定律，通过检测土壤中各种营养成分的含量，确定最佳的施肥量。是否把作物生长需要的各种必不可少的限制性因素都考虑到了？人工制造的化肥会对土壤中各种微生物和有机质造成什么样的影响？化肥是否会影响或限制土壤其他功能的发挥？这些问题是否已经被仔细考虑，并可以清楚地回答？各种必备资源是否已经足够，资源和资源间的化学反应是否和谐？一句话，未经审视的资源无法获得足够的信赖。

第二节
相对爆点

　　法国哲学家萨特曾经有一句正确的"废话"，大意是："对手的存在让足球比赛变难了。"

　　组织间的博弈是一种策略的相互依存状况：你选择的策略将会得到什么结果，取决于另一个或者另一群有目的的行动者的选择。你在比赛中表现如何，一部分取决于对手的表现。因此，打破比赛中的均势需要爆点。"爆点"这个词最早被广泛应用是在20世纪70年代，它被用来描述美国东北部旧城区的白人突然纷纷迁往郊区的现象。社会学家发现，当迁入某一居民区的非洲裔美国人的比例达到一个特定的点（20%）时，整个社区就会被"引爆"，即居住在这一社区的白人会立即迁离。爆点是质变来临前的关键点，就像沸点和临界点。相对爆点可以通过优势策略和多管齐下来发现。

一、点状优势策略

网球选手的优势策略看来非常明显，人人都知道应该在第一次发球的时候冒风险，在第二次发球时必须谨慎。这么一来，就算你第一次发球失误，比赛也不会就此结束。你仍然有时间考虑其他策略，并借此站稳脚跟，甚至一举领先。在商业策略里，我们采取的每个行动都会引发一个反行动。领导者的职责就是确定哪些不对称性是至关重要的，也就是哪些不对称性可以转化为重要的优势。

攻城锤卢卡库

2021年8月22日迎来英超第二轮一场焦点战，阿森纳主场出战切尔西。切尔西在过去14场联赛里对阵阿森纳，只取得三场胜利，5平6负，上赛季曾遭阿森纳双杀。本赛季阿森纳斥资1.3亿英镑引援，投入力度冠绝英超，对本场比赛更是志在必得。

此役一个重要的变化是，强力中锋卢卡库回归切尔西，切尔西主帅图赫尔得以排出了"3-4-2-1"的阵型，阿森纳依然排出传统的"4-2-3-1"的阵型。在这次对决中，图赫尔精确地发现了自己的优势策略，就是中锋卢卡库对阿森纳后卫巴勃罗·马里碾压般的优势，而阿森纳主帅阿特塔对此毫无知觉。果然，卢卡库开场就展示了在禁区正面的统治力，巴勃罗·马里一个人根本防不住，而切尔西的中场有6个人，比阿森纳多1个人，左路的队员又必须频繁协防中路。开场仅20分钟，阿森纳的左路就被完全打爆了，而切尔西集中兵力反复在对手左路攻击，把单点优势转换成了全面优势。第15分钟，卢卡库背身停球回传，科瓦契奇将球挑传到右侧，里斯·詹姆斯反越位成功，在禁区右侧传中，卢卡库门前推射破门，切尔西1:0取得领先。第34分钟，哈弗茨左侧直传，阿隆索横传卢卡库时被干扰，芒特接球再斜传到右侧，无人防守的里斯·詹姆斯在禁区右侧轻松抽射得手，切尔西2:0扩大领先优势。最后比赛毫无悬念，全场比赛结束，阿森纳0:2输给切尔西。这场比赛，阿森纳没有任何机会，由于卢卡库一个点的绝对优势，直接压制了阿森纳的整个后防线。切尔西反复利用这个优势，把阿森纳的整体防守打穿了，从单点优势变成了全面优势。

无论是一家企业，还是少数情况类似的企业，获得市场竞争优势通常都是由于局部因素。这背后的原因就是，竞争优势从本质上来说是局部的和特定的，而不是普遍的和分散的。

球队间比拼，各自都围绕自身的相对优势，企业间的竞争也不例外。企业要以强化相对优势为抓手，在资源竞争中拥有相对优势的特定时空圈。如果有相对优势，就坚决执行这个策略，这就是优势策略。一般而言，假如一名球员有某一做法，无论其他球员怎么做，这个做法都会高出一筹，那么这名球员就有一个优势策略，比如卢卡库单挑巴勃罗·马里。假如一名球员拥有这么一个策略，他的决策就会变得非常简单，他可以选择这个优势策略，完全不必担心其他对手怎样行事。因此，寻找优势策略是每支球队的首要任务。

比如，某公司在某特定领域里，预估在三年内将拥有抢夺业内人才、资金、市场的相对优势，那该领域在这三年内就是该公司的相对优势点。在这个范围内，只要不犯错、只要没意外，营收、利润等低垂之果可轻易摘得。相对优势的核心，就是一个公司最具对比优势的实力。所谓实力，包括资金、技术、人才、方法论，等等。根据最具对比优势的实力来推演，就会形成预期的公司可持续顺利得到资源以成长的时间和空间。因此，公司成立，必须先找出其相对优势，而接下来，公司能否成长、往哪里成长、成长效果如何，都基于相对优势能否扩大，优势资源在被耗尽前能否发生量变和质变。质变，意思就是核心实力越来越强。量变，意思就是核心实力多元化。

在竞技比赛中，相对优势比较容易找到，在企业经营中的相对优势就没那么明显。

案例7 ▶ ▶ ▶

从单点优势到系统优势

E 公司是坐落在东莞的一家电子元器件生产企业。珠三角地区的电子元件企业有数千家，大多数从事进出口配套的工作，体量大的没多少，因为大家的货源都差不多。因此，各家公司比拼销售员的获客能力往往成为重中之重。创始人小攀原来是ABB智慧工厂的技术员，而公司的销售员都是手里有固定客源的老江湖，基本上拿来订单都会留给公司少量的利润，去其他公司采购。小攀看在眼里，无可奈何，毕竟做进出口贸易，没有什么门槛，如果给销售员的压力太大，销售员分分钟会跳槽到其他公司。周围的同行也劝小攀，这个行业就是做的"对缝"的生意，平台公司都没有核心竞争力，踏踏实实赚两年钱就可以了。

小攀觉得，这样下去公司不过就是一个销售平台，客户黏性极弱，这不是他创业的初衷。虽然行业里公司众多，属于同质化竞争，但正因为竞争太同质化了，反而没人思考，到底怎么才能具有优势。小攀开始详细地了解行业中的问题，很快发现这一行业的需求很旺盛，供货商非常多，一般的需求方的需求很复杂。例如，某手机厂商可能一下子需要成百上千种元器件，型号也不固定。由于大量依赖进口，每种元器件的价格也不固定。很多客户高度依赖成熟的销售员去抓货，因为他们在这一行里的时间很长，有很好的人脉，一般收到需求后会迅速将其分解，分给多个渠道去抓货。所以，成熟的、有人脉的销售员不可或缺。

小攀发现这个问题后，就和信息技术人员商量，共同开发了一套简易的企业资源计划（ERP）应用，把元器件数字化，把成型的方案固定下来，一旦客户有需求就可以立即提供参考配置和报价；同时由专业的信息人员实时维护，对价格和型号的变化实时更新，由此形成元器件的中台系统。这套系统免费向所有销售员开放，在后台对接供货商。基于珠三角地区完善的供应链，这套系统不仅是一个商情平台，而且是电商交易撮合平台，既方便销售员迅速提出解决方案，也对供货商的物流和库存实时更新。这套系统很快成为珠三角一带这个细分领域的公用平台，小攀的企业也从供货商一跃成为数字化平台。

小攀利用数字技术实践了优势策略，进而通过一连串的重构工作构造出一张相对优势的网，从而走出一条新路。

二、面状多管齐下

安切洛蒂曾经说过，每当听到其他教练说他们的球队在中场人数上占优，他就会说："听我说，我们要停止这种思考方式。我们有11名球员在场上，他们也有11名——如果我们在一个地方人数占优，他们一定会在其他地方人数占优。咱们把心思放在这些地方该怎么踢球呢？"在顶级水平的比赛里，双方几乎都对自己的优点和对方的弱点有所了解。假如他们的选择可以同时考虑到怎样利用对方所有的弱点，而不是仅仅瞄准其中一个弱点，那么，这个选择应该是上上之策。球员和球迷一样都很明白，必须多管齐下，出其不意地发动奇袭。理由在于，假如你每次都做同样的事情，对方就能集中全部力量最大限度地还击你，而且还击效果会更好。

如果说优势策略像单一策略，那么多管齐下就是组合策略。

在真实世界里，往往是复合效应在起作用。因此，瓜迪奥拉认为，足球比赛的理想阵型就是有11名中场球员，甚至包括守门员。瓜帅发明了"伪9号"战术，一个中锋根本不固定在中锋位置。瓜帅对此事发表过有趣的言论："所有人都可以进入禁区，但无人被允许逗留。"他希望每名队员持续对进球提供支持，积累优势，直至进入禁区，终结比赛。这意味着前锋通常不会站在前面等球，而是积极地参与组织进攻，有机会的话，甚至中场和后卫也能进入禁区完成射门。这一策略的出发点就是，立足本方优势，不停留在单点上，通过多管齐下形成整体优势，这种优势更加具有统治力，更加有效。

案例8 ▶▶▶

腾讯的组合投资策略

腾讯作为社交网络和游戏行业的霸主，最近这些年大举进军产业互联网领域。作为产业互联网新军，如何迅速聚积资源也是腾讯面临的挑战。就像其他互联网巨头一样，雄厚的资金实力是腾讯无可比拟的优势，通过投资布局补强短板，又在强势领域深耕，可谓多管齐下的组合策略。

腾讯投资并购有三个清晰的逻辑。

逻辑一，投资那些拥有大量数据的企业。在数字化转型阶段，数据无疑是具有稀缺属性的资源。投资具有核心数据的企业，无疑是守住命门的做法，是建立起护城河最重要的策略。一个领域的创新者从诞生、发展到成熟往往需要几年的时间，所以腾讯需要在非常早的时候就关注到创新者。随着数据资源的不断沉淀，大量多元的数据能够产生许多价值，而且多元的数据汇聚在一起，能够产生化学反应，能够改变和重构一些场景。腾讯掌握大量社交数据，自然知道数据的巨大价值，因此对于那些已经拥有各类数据的公司，自然特别青睐。

逻辑二，投资那些拥有"局部黑科技"的企业。2018年，腾讯投资部在一次简报中提到，腾讯作为长期投资人，关注的是被投资企业长期的产品、商业模式上的成功，而不仅是短期的表现。巨型企业在自己的领域罕逢对手，在一些创新领域也保持着高度的敏感。这些创新领域很可能是还没探明的赛道，也可能是已探明的赛道，但与自己的主业相去甚远，所谓"食之无味，弃之可惜"。腾讯通过扶持具有局部潜力的中小厂商，弥补以前追求产品发行的进攻性做法的缺陷。相比从前关注产品的投资回收率，腾讯如今可能更加关注的是具有潜力的公司，这是出于长远发展的考虑。

逻辑三，投资那些具有行业总集能力的领军企业。腾讯董事会主席马化腾在2015年中国信息技术领域峰会上提到，"腾讯的命一半是自己的，另一半是合作伙伴的"。腾讯在与厂商建立起强连接的同时，也不乏合作伙伴对腾讯的反哺。产业互联网与消费互联网差别很大，一个是面向企业级客户，一个是面向个人消费者。个人消费领域是这些互联网巨头的强势阵地，而产业互联网更强调针对大型企业、大型项目的建设交付维护能力。这些能力没有10~20年的积累很难获得。为了快速进击市场，腾讯入股大型行业领军企业是一条捷径。除以产品为核心展开的一系列投资以外，收拢核心厂商是腾讯的另外一个投资战略。在这部分投资对象中，公司发展的成熟度和影响力成为衡量的核心指标。这些公司几乎都能为其带来丰厚的财务回报。

将以上三种聚积资源的打法不断落地，腾讯在市场上取得了靓丽的成绩，保持了应收账款和市场份额的双重增长，而且逐步构建了以被投资企业为核心的生态系统，不断夯实自身的竞争力。

案例9 ▶ ▶ ▶

小乾坤大挪移

初创企业F公司，坐落在鱼米之乡的苏州，这里有全国杰出的一批制造业企业，鼎盛时期活跃的企业有6000多家。公司的创始人魏总是原来当地一家小有名气的猎头公司的高级管理者，后来独立创办这家人力资源服务公司，主营高端人才服务。制造业公司每年基层人员流动很大，且整体的薪资水平不高，企业的中高层管理者比例较低，相对稳定，很少流动。F公司创立之后，专注于高端人才的引进，在苏州的市场上不温不火，还要面对和竞争对手的激烈竞争，业务发展死气沉沉。

经过几年的发展，F公司没有什么起色，资深的猎头顾问纷纷离职，只剩下一批年轻但缺乏经验的员工，公司再不变革就将濒临绝境。魏总仔细分析了当前的资源配置。首先，自己的团队在当地深耕了很多年，和本地人力资源部门建立了非常深的连接，但这些连接在企业运营中没有发挥作用。其次，本地的多家制造业企业的高层都和 F 公司长期合作，但由于高端人才的总量不大，F 公司的资源优势实际上并没有得到充分释放。最后，魏总自己是一个热衷于新鲜事物的人，团队整体比较年轻，创新思想活跃，比起其他域内同类公司，更加灵活，更加有创造力。

于是，魏总放下了所谓"高大上"的猎头业务，选择和当地人力资源部门合作，为当地 6000 多家制造业企业的底层员工提供基础岗前培训，这类培训原来由一些专门机构承担，而这些机构多年重复的低层次的培训对企业员工帮助很小。F 公司常年从事高端猎头服务，对高层管理者的需求很了解，把这些需求提前注入岗前培训之中，它的岗前培训效果明显好于其他机构。同时，通过这些岗前培训业务，F 公司准确地获知各大制造业企业的用工节奏。制造业的用工有潮汐现象，订单淡季的时候和订单旺季的时候用工相差数倍。订单大量来临的时候，往往哪个企业有足够的员工，哪个企业就有足够的竞争力。这种看似简单到不可理喻的情况只有身处其中才能真切感知。F 公司利用自己对用工潮汐现象的精准把握，在培训之余同步开启了低端用工招聘服务业务，每年为域内企业提供数以万计的用工服务。F 公司年轻人居多，在做好用工招聘之后，这帮年轻人又把服务延伸到售后服务领域，为企业提供整体的薪酬和税收服务。

经过几年的经营，F公司成为长三角地区最大的人力资源服务企业。其发挥资源优势，多管齐下，形成整体性策略优势。

多管齐下不是按照一个可以预计的模式交替使用单一策略。当你实施一个策略的时候，对手会通过观察得出一个模式，从而最大限度地利用这个模式还击，其效果几乎跟你使用单一策略一样好。实施多管齐下策略，重点在于全面的复合性出击，且具有不可预测性，对手很容易陷入被动消耗状态。这就像面对瓜帅球队的对手，在被"遛猴"的过程中丧失了战斗力，进而被拖垮。

第三节
资源泵

史蒂芬·柯维曾说过一句很著名的话："真正高效的人不会去抢夺受限的资源，相反，他们会找一个人人有份的蛋糕，并且不介意他人分一块。"

一、资源随愿景和战略而来

资源随愿景和战略而来，而不是由资源带来愿景和战略。不过，找到足以实现宏大目标的资源仍然是执行中的关键。通常对一个成功的组织来说，要想持续成长，除了靠天赋和奇迹增添资源，就只能靠人为干预：一是开拓，不断扩大活动圈，发现更多新资源，把看到的资源都聚拢到自己手中；二是重构，重组资源消耗方式，在资源总量不变、成长速度不变的情况下，降低资源消耗速率。

2017 年 12 月 28 日，英超豪门利物浦宣布签下南安普敦的荷兰后卫范戴克。范戴克的转会费达到 7500 万英镑，成为当时身价最高的后卫球员。与此同时，范戴克的这个身价也创造了利物浦队历史上的最高转会费纪录。

英超成立 20 年，利物浦一直没有夺冠，最主要原因是后防一直以来都有问题。就拿英超上个赛季的比赛来说，利物浦在进球数上居第二，但在英超四强中，他们的丢球数稳居第一。薄弱的后防让利物浦曾经一度陷入"劫富济贫"的尴尬局面：和强队对攻时毫不示弱，火力猛烈，能够拿到得分，而一旦面对防守摆大巴的弱队，在没有能够有效进攻的前锋时，往往在防守端出现漏洞，痛失比分。克洛普接手球队后，一直为利物浦的后防问题困扰。在冬窗期交易中，慷慨的俱乐部老板给了克洛普足够的权力，让他能够在巨大的转会市场中自由地寻找球队所需的人才。这一次，一向眼光精准的克洛普将橄榄枝抛向了他一直在观察的荷兰国脚范戴克。克洛普豪掷 7500 万英镑，打破了后卫的身价纪录，将这位优秀的后卫招致麾下。

而利物浦真正走向巅峰，就是从签下范戴克开始的。身背当时后卫世界第一的身价，范戴克从一开始就确立了自己在安菲尔德的地位。在足总杯赛场上首秀，范戴克便绝杀了同城死敌埃弗顿，他为利物浦后防带来的稳健与从容，是红军多年来一直苦苦期盼的。范戴克因此成为大部分人心中的世界第一中后卫，他更凭借在欧冠及英超中的优异表现，荣获 2019 年的欧洲足球先生称号。范戴克用稳定的发挥帮助利物浦连夺欧冠、欧洲超级杯及国际足联俱乐部世界杯（以下简称"世俱杯"）的冠军，虽然在年底的金球奖评选中失利，但作为中后卫能够入围最终三人的候选名单，已经证明了他的价值。2019—2020赛季，利物浦从一开始就马力全开，以巨大的优势夺得英超冠军，第二年又拿下欧冠冠军，范戴克与队友创造了红军的历史。

利物浦、曼城、切尔西、曼联等都是英超实力超强的球队，在漫长的赛季，在强强对话中，突破对方的限制，不能光依靠体系，还要靠球员的个体能力。个别位置的顶级球员就如同决定性的战略资源，无论如何都要去获取，战略资源的竞争决定了战局的走势。

1. 开拓资源的新华三模式

城市大脑是阿里云率先提出的理念，发源自杭州的交通治理领域。作为新型数字经济时代的城市基础设施，城市大脑有着至关重要的作用。通过对城市大脑理念的推广，各大互联网公司在城市治理的数字基础设施领域逐渐占据了领先地位，城市大脑这种中性的品类逐步演化成了互联网企业独有的品牌。随着对城市治理的精细化要求越来越高，以城市大脑为核心的新型智慧系统，在国内各级城市开始广泛落地，而主要的建设服务商以互联网企业为主。

这种品类与品牌的融合是互联网企业的优势，就像把淘宝等同于购物的思路一样。新华三集团（以下简称"新华三"）作为国际知名的传统信息技术提供商，自然不甘落后。城市大脑所需的基础算力、数据存储能力、大数据支撑能力及人工智能能力，新华三基本都能提供。但是，市场普遍认为，传统的设备厂商并不具备互联网企业的场景支撑能力，而且互联网企业有大量的落地案例，导致大家都把互联网企业作为城市大脑建设的首选。

有能力却无从发挥，这是新华三完全接受不了的。争夺资源边界是一个优选项目，集中力量打开一扇门对新华三这样的国际企业并不是难事，关键是上下一心。为了破局，新华三决定在重大项目中发力，夺回市场高地。此时，西部的某省会城市也在建设城市大脑，多家互联网企业参与其中，新华三作为其中一个参与者并未显示出任何优势。几家互联网企业基于优势心理，认为这类项目已是囊中之物，就是如何划分份额而已，并未表现出舍我其谁的必胜状态。此时，新华三看准时机，集中优势资源，整合了多家场景建设服务商，并与当地几家主要服务商成立了联合企业。在项目立项的初期，新华三就先期投入，和地方伙伴一起为该市搭建起一套应急应用系统，使该市用户在初期就感受到了新华三的实力和诚意。同时，新华三在当地投资成立了城市运行中心，为后期的城市运行服务提供技术保障。这些善举及彰显出来的强大实力打动了当地政府。最后，新华三如愿承接了该市的城市大脑总体建设工程，一举打破了互联网企业在这个领域的垄断，为制造业企业在新型城市基础设施建设领域开辟出了新路。

　　有些资源可以通过竞争取得，有些资源可以通过开拓获取。瓜迪奥拉在执教拜仁的时候，非常希望能够复制巴萨哈维、伊涅斯塔、布斯克斯这样的中场铁三角的配置，但俱乐部不可能无限制地投入，要在条件限制下不断地开拓资源，而初始资源不可能是圆满的。所以，在这种条件下瓜迪奥拉发挥了开拓资源的能力，他把右后卫拉姆变成了主力后腰。拉姆这名队员在右后卫、左后卫的位置上，是属于非常灵动的球员，脚法非常好，但身高只有1.71米左右，这个身高在长人如林的德国是没有任何优势的。拉姆的正面防守及防空能力都是球队的短板。瓜迪奥拉没有单纯顾及拉姆的短板，反而把他的位置提前，成为球队的后腰。拉姆的个人视野非常好，很有大局观，前后衔接能力非常强，把他定位在中场后腰之后，竟然收到了奇效，使得球队前后串联更好了。拉姆从此多了一个位置，瓜迪奥拉也为拜仁开拓了全新的资源，而没有多花一分钱转会费。

　　无独有偶，穆里尼奥擅长利用双后腰（俗称兽腰），使出中场绞杀式的拦截战术。穆里尼奥在切尔西的时候，有埃辛、玛克莱莱等杰出的防守型后腰球员。当穆里尼奥来到皇马的时候，皇马的锋线几乎武装到了牙齿，本泽马、迪马利亚等前锋球员非常犀利，而在中场防守上存在短板。皇马的资源也不是无限的，初始资源就这么多，如果想去获取其他增量资源，只能通过开拓的手段。穆里尼奥和瓜迪奥拉一样，把中后卫佩佩改造成了一个防守型后腰球员。佩佩身材高大，动作灵活，但脾气火爆。在中后卫的位置上，他经常由于犯规被罚。佩佩前移之后，他在后腰的位置上对对手的杀伤力非常大，同时远离本方球门，减少了犯规。此后，佩佩在很多关键场次发挥了关键的作用。

企业需要基于资源禀赋制定战略，资源禀赋战略是以资源禀赋为出发点的战略选择。例如，基于供应链优势而选择低成本和海量产品的沃尔玛，基于数据积累和技术优势而拓展云服务的亚马逊，基于创始团队而不断突破创新的苹果，都是从资源禀赋出发制定战略的典型代表。不仅成长型企业会通过重构获取资源优势，成熟企业依然会通过大尺度的战略重组获取资源优势。

2. 重构资源的数字广东模式

开拓当然是看上去很美的状态，但在魔幻的现实世界里，对现有资源进行重构往往更具有现实意义。

2016年，意大利人孔蒂接替穆里尼奥，成为切尔西主帅，他与球队签下为期3年的合同，年薪500万英镑。在孔蒂接手之前，蓝军可以说内忧外患，当时只取得联赛第10名的成绩。孔蒂来到切尔西后，球队连续输给利物浦和阿森纳，他不得不开始变阵，改变原来的"4-3-3"阵型，改打"3-4-3"阵型，切尔西连战连捷，取得13连胜的傲人战绩。在连胜期间，切尔西只丢了4球，却打进了32球。这样的攻防体系，可以说让对手苦不堪言。那个赛季，切尔西取得30胜、3平、5负的战绩。

孔蒂在球队人员没有发生变化的情况下，创造性地解决了三个问题，重构了球队。左后卫阿隆索速度慢，但脚法、头球一流，攻强守弱，让其从边后卫改为边翼，放大了他的进攻属性，弱化了他的防守属性。右边锋摩西速度快，技术粗糙，单纯打边锋射门能力不够，打中场防守习惯不好，让其改为边翼，扬长避短。中后卫卡希尔转身慢，正面防守能力强，让其作为双中卫之一容易成为突破口，让其作为三中卫之一则得心应手。在孔蒂执教球队的首个赛季，蓝军三后卫阵型开创天地，提前两轮锁定英超冠军，他还进入2017年环球足球奖最佳主教练候选名单。

球队可以通过资源重构创造出新的局面，企业运营看似复杂，其实殊途同归，关键看企业家及相关资源方的魄力。2017年成立的数字广东网络建设公司（以下简称"数字广东"），注定是中国政务信息化建设领域的一个标志性企业。该企业通过资源重组，重新定义了政务服务。

数字广东是一家政务信息化建设运营服务商，依托腾讯及联通、电信、移动三大运营商，主要向公众用户与政企用户提供内容、应用与解决方案等方面的服务，同时提供产业基础设施，包括网络、数据中心、云计算等。2017年，广东省将数字政府改革建设作为推动经济高质量发展、再创营商环境新优势的着力点和突破口，以"政企合作、管运分离"的模式全面开展数字政府改革建设工作。当年10月，由腾讯、联通、电信和移动共同投资的数字广东正式成立。

在基础设施方面，数字广东为广东省数字政府建设提供政务云平台、政务大数据中心、公共支撑平台三大基础资源平台；协助横向打通厅局信息系统，深入行业应用，加强业务协同；纵向落实省市一体化建设，加强从省到市的垂直业务信息化统一工作。在应用平台方面，根据民生、营商、政务等相关业务场景，打造"粤省事""粤商通""粤政易"三大应用，针对民众、企业、公职人员三大群体提供相应的服务。"粤省事"作为广东省数字政府改革的首个重要成果，目前实名注册用户已超8000万人，累计上线社保、公积金、户政等1354项政务服务和82种电子证照服务。平均每两个广东人中，就有一个人在使用"粤省事"。在服务群众的同时，"粤省事"有力助推广东在全国省级政府网上政务服务能力综合评比中，2018年和2019年连续两年获全国第一，成为数字政府建设的有益探索和实践。

为贯彻落实关于推进"放管服"改革和优化营商环境的决策部署，更好地服务广东省1300万个商事主体，2019年8月，在数字广东的助力下，广东省还推出涉企移动政务服务平台"粤商通"。企业仅用一个App就能办理多项涉企服务高频事项，到办事大厅窗口办事出示手机即可，免验实体证照……"粤商通"作为广东推进数字政府改革建设的又一重要成果，将分散在政府各主管部门的企业开办、经营许可、清缴税款、出口退税、创业补贴、扶持资金申请等767项高频服务集成到一个手机应用里，实现涉企服务移动端随时办理，随时查询；还在全国首创了政务服务事项"免证办"，通过对接电子证照库，接入营业执照、税收完税证明、食品经营许可证等146类高频电子证照服务，实现高频事项线上办理。

三年来，数字广东将互联网思维与政务业务相结合，充分发挥平台和技术优势，以制度创新为切入点，以提高政府工作效率为目标，以服务群众为中心，以高度重视信息安全为保障，助力探索数字政府改革建设的"广东模式"。数字广东的成立，重构了政府和企业之间的合作关系，整合了政府侧和企业侧的相关资源，重新定义了公共服务领域的信息化建设内容和模式。数字广东大力推进广东全省政务、商务、生产、生活等领域的信息化，促进信息产业、信息技术、信息资源和信息环境全面发展，进一步将广东建成全球重要的信息产业研发制造基地、亚洲重要的电子商务中心、全国网络民生民主先行示范区、华南地区网络创业创新集聚地，成为面向全世界、服务全国的信息区域中心。

资源禀赋不仅是战略选择的起点，而且是战略选择的终点和目标。企业利用自身资源禀赋，通过对用户的深入了解，形成与之匹配的战略选择，在为用户提供产品与服务并创造价值后，最终将积累出新的资源禀赋。

番外
酌水知源

2015年，我偶遇一位青年才俊，他是一家著名企业的创始人。当我听完他的商业计划时，感到十分震惊，因为在当时的情况下，这位企业家描绘的蓝图与现实相去甚远，说白了就是在画大饼。我礼节性地提出质疑，而对方很真诚地告诉我，在创业的路上只有聚敛资源才能化不可能为可能。没有资源，即使看似务实的目标也无法实现，而只有确立一个高远的目标，才有可能聚集足够的资源。时隔多年，那位企业家当时的愿景在逐步实现，虽然未及当年描述的那般辉煌，但也在逐步实现的道路上。

后来我读到一段话：如果你的观念、事业或产品尚未得到广泛支持，或许可以通过诚实地描述发展趋势（受众希望持续下去的趋势）来得到支持，用未来社会的认同来获取更多的资源。这可能是对"忽悠"的最好解释了。不过，对于企业家而言，为开拓资源而"忽悠"是宿命。

如前文所言，开拓资源、无中生有是非常理想，也是非常令人兴奋的选项，但企业大多数只能在特定的边界之内拼搏。这里的边界指的是在给定资本投入、劳动力质量和技术水平的前提下，能够达到的最高生产力水平。生产力提高主要通过更有效地利用现有资源缩小现实和生产力边界间的差距，而不是扩张生产力边界本身。从这个角度来看，对企业的相对业绩而言，生产效率至少和生产要素等结构性资源一样重要。因此，企业发展最关键的因素之一是好的管理者，尤其是那些能够提高运营效率的管理者。

2022年1月，菅原大介作为定位球专项教练加入日本国家队。菅原大介上任后的第一项任务，就是搜集世界杯亚洲区预选赛接下来的对手中国队的情报。菅原大介反复观看了时任中国队主帅李霄鹏带队比赛的录像之后，从中发现了问题——李霄鹏的球队在防守对手的界外球时，不会对掷球者进行盯防。

1月27日，日本队迎战中国队，下半时第61分钟，中山雄太发界外球，张琳芃和武磊分别盯防准备接应的守田英正和南野拓实。最终，中山雄太发球给了南野拓实，后者将球回敲给无人盯防的中山雄太，面前一片开阔的中山雄太用假动作晃过仓促补位上来的武磊，从容地起左脚传中，准确地找到了后插上的伊东纯也，助攻队友头球破门得分。

　　作为经理人，需要从局部尝试重构资源。在电光石火之间，在狭小的边线，从一个发球的过程发现资源优势，这是经理人首先应该做到的事情。经理人是资源的一部分，有时效和空间属性。经理人要做的就是使自己成为优质资源，并处于恰当的位置上，被高效利用的时候不骄傲，被闲置时不气馁。"橘生淮南则为橘，生于淮北则为枳"，资源随战略不断演化，酌水知源即为此意。

执行篇

战略以西，战术以南

思考并不能使我们形成一种新的实践方式，而具体的行动可以帮助我们形成一种新的思维方式。

——拉姆·查兰

第一节
行动，快与慢

一、行动偏好

"狂人"穆里尼奥的经典战役无数，这个"狂"字在很大程度上是由他临场应变的果断而得名的。

1. 18分钟换人的搏命逆转

2018年10月1日，在老特拉福德球场，曼联主场对阵纽卡斯尔，我近距离体验了穆里尼奥的行动力。

此前纽卡斯尔连续7轮比赛不胜，与卡迪夫城队（以下简称"卡迪夫城"）同为英超垫底球队，曼联志在必得。曼市的深秋非常阴冷，我穿了一件有曼联队徽的羽绒服，依然瑟瑟发抖。老特拉福德球场能容纳7万人，我的座位在第二排，靠近梦剧场①中央，仰望周围的弗格森爵士看台，有种莫名的眩晕感。我的座位在教练席的后面，穆里尼奥出场时用手中的饮料喷摄像机的镜头，显得十分调皮，但转过身看着场内的时候，他的背影有种孤单和寂寥感。

开场几分钟，双方失误频频，拉什福德和对手高速冲撞，在我面前发出"砰砰"的声音。仅仅过了9分钟，主队球迷的血液都凝固了，但显然不是因为阴冷的天气，做客的保级球队纽卡斯尔居然在老特拉福德球场2:0领先曼联！是的，仅9分钟而已。第一个进球来自一个界外球，曼联队员配合失误，第二个进球更加要命，武藤嘉纪背身晃开中后卫拜利，射门得手。

0:2落后于倒数第一的球队，在主场志在夺冠的曼联……

穆里尼奥进行了赌博性的换人，在第18分钟就用马塔换下了拜利。他用中场指挥官换下表现不佳的中后卫，将曼联阵型从开场的"4-5-1"变成"3-4-3"，加强进攻。拜利在下场时和穆帅简单拥抱了一下，脸上写满绝望。那一瞬间，我看到了竞技体育的残酷和公平，表现不好就要承担后果，简单直接。马塔上场后，曼联中场传导顺畅了不少，当然也是由于纽卡斯尔2:0领先后有意无意地收缩了防线。但是，曼联的进攻实质性威胁并没有提高。中场休息时，穆帅用费莱尼换下麦克托米奈；第66分钟，

---

① 老德拉福德球场的别名。

又用桑切斯换下拉什福德。费莱尼是一名高大中锋。再度撤下一名防守型中场球员，加强锋线力量，将曼联变成"3-5-2"阵型，打双前锋，也是穆里尼奥看到球队得势不得分后的孤注一掷。换下拉什福德，非常有针对性，此时曼联已经全线压上，纽卡斯尔的阵型被压得很扁，拉什福德是需要空间突破的球员，而桑切斯在狭小空间内的闪躲腾挪更加有优势。

奇迹在第69分钟开始上演，曼联获得一次禁区右边的任意球机会，替补出场的马塔主罚。马塔罚出的球弧线并不刁钻，但球速极快，直接从近角窜入了球网。第75分钟，马夏尔带球，与博格巴打了一个撞墙配合，右脚直接射门得手，曼联在主场扳平了比分。此时，在全场都在沸腾、庆祝比分扳平的时候，穆里尼奥表现出了更加犀利的一面。在马夏尔从左路突破被断球之后，穆里尼奥嘶吼着让马夏尔全速回防，而马夏尔脸上写满了不满，慢慢腾腾地往回跑。一瞬间，穆里尼奥气得单膝跪地，挥舞拳头，不停地敲击地面。

贡献绝杀的依然是替补球员桑切斯。第90分钟，阿什利·杨右路传中，全场个子最矮的桑切斯头球攻门，帮助曼联反超了比分！老特拉福德球场再次上演了梦幻般的逆转，要知道本赛季曼联已经两个多月没有在主场品尝过胜利的滋味了。赛后，穆里尼奥与对方主教练简单拥抱了一下，走回更衣室。穆帅的脸上并没有喜悦，而是一种劫后余生的感觉：还活着，但被吓坏了。马塔、桑切斯都是替补登场建功的，可见穆里尼奥临场指挥之果决、高效。

据说西点军校有一句名言："要么带头，要么跟上，要么躲开。"它指的就是对行动的偏好。开场18分钟拿下中后卫，这既是对先发阵容的否定，又是对主教练赛前部署的否定，主教练承受的压力远大于球员。但是，这种果敢的行动清晰、直接地向全队传达了战术意图。下半场开场及第66分钟的持续优化，强化了持续施压的策略，使全队继续保持战术统一，在反复冲击下终于压垮了对手，使纠错行动取得了实质的效果。

行动偏好是一种领导力本能，它基于的信念是，为了改变现状，必须做出决定。企业在初创阶段，决策的连续性比完美性更加重要，行动偏好可以减轻决策上的瘫痪状况，有助于避免对完美信息无休无止的追求。行动偏好基于对世界的复杂性判断，在这个复杂的世界中，成长型企业的不确定性加剧，主动学习、主动迭代，有助于真知的渐进式显现。行动偏好基于事实的脆弱性，数字时代的事实是脆弱的，弱连接、弱关联比比皆是，而速度至关重要。行动偏好并不能解决所有的领导力挑战问题，但可以激发组织的活力，使人们对脆弱性和危机保持警醒，避免承受不作为的隐形代价。

2. 瓜迪奥拉的果决扭转乾坤

如果说穆里尼奥在单场比赛中彰显了战术行动力，那么瓜迪奥拉的战略行动力也毫不逊色。

瓜迪奥拉在曼城建立了一套完整的战术体系，这使蓝月亮[1]在2017—2018赛季和2018—2019赛季连续两个赛季夺得英超联赛的冠军。其实，瓜迪奥拉有的不只是极致的战术思想，果决的行动力是保证战术落地的重要原因。

2019—2020赛季，曼城陷入困境，最终将联赛冠军拱手让给重新崛起的利物浦。一个重要的原因在于，效力球队长达11年的功勋队长孔帕尼的离开，对曼城的后防线造成沉重的打击。2020—2021赛季伊始，曼城的防线依然表现得很挣扎，前几轮比赛过后，排名第8位。当时阵中已经有了斯通斯、拉巴尔特、阿克等几名顶尖后卫，但瓜迪奥拉发现曼城真正需要的是一名既能支持防守又能支持进攻，同时控球技术出色的中后卫。于是，瓜迪奥拉下定决心，立即从本菲卡队（以下简称"本菲卡"）引进23岁的葡萄牙中后卫鲁本·迪亚斯。

在赛季中期引进后防核心，这比一场比赛的人员更换更加凶险。一支顶级球队的战术体系基本上在赛季开始之前就应该构筑完成，在赛季中期进行结构性调整很可能对球队造成消极影响，甚至导致全年功亏一篑。瓜帅的这一手笔，是对战术体系的大修正，其承受的压力可见一斑。

———————————

[1]　曼城队的绰号。

令人欣慰的是，迪亚斯迅速融入了曼城体系，在防守端表现得非常沉着冷静，他控球时的自信和对防守的预判让他即使在对方施压下也能保持后防线的稳固。迪亚斯理解比赛的能力很强，他精准预判，经常通过提前移动，在对方接球前就将球破坏掉。迪亚斯的配合能力很强，他的到来成功激活了后防线的搭档斯通斯，这名之前几乎被瓜迪奥拉放弃的中后卫，在迪亚斯到来后重新在后防线找到了自己的位置。迪亚斯在空中对抗方面的表现很出色，他在防守速度较快的前锋时有时显得吃力，但通常能够通过提前预判来消除这种劣势。这名年轻的中后卫仅仅用了一个赛季的时间就逐渐成为曼城后防线上的核心球员，并且帮助蓝月亮再次举起了英超联赛的冠军奖杯。

与此形成鲜明对比的是利物浦，主帅克洛普在2019—2020赛季带领球队击败曼城，夺得首个英超冠军，但从2020赛季开始，同样被后防线的伤病困扰，主力后卫范戴克、马蒂普相继受伤。利物浦的选择与瓜迪奥拉大相径庭，选择租借年轻的卡巴克，从二线队提拔菲利普斯。这种临时拼凑的做法导致后防线漏洞百出，利物浦在与曼城的争夺过程中逐渐掉队。两大顶级豪门在同样情况下的选择，体现了瓜迪奥拉在战略层面的敏锐洞察和果敢行动。

　　　　在《爱丽丝梦游仙境》中有一个著名的场景：

　　　　"为什么会这样？"爱丽丝大叫，"我觉得我们一直都待在这棵树底下没动！"

　　"废话，理应如此。"红桃皇后傲慢地回答。

　　"但是，在我们的国家里，"爱丽丝说，"如果你以足够的速度奔跑一段时间的话，你一定会抵达另一个不同的地方。"

　　"现在，在这里，你好好听着！"红桃皇后反驳道，"以你现在的速度，你只能逗留在原地。如果你要抵达另一个地方，必须以双倍于现在的速度奔跑！"

　　"红桃皇后定律"来源于刘易斯·卡罗尔的文学作品《爱丽丝梦游仙境》。该定律认为，生物必须不断适应环境和进化才能生存，同时面对在不断变化的环境中不断进化的天敌。如果想跳出了原来的整体，进入一个新层次的整体范畴，就必然需要颠覆性、革命性的改变，如"以双倍速度奔跑"。

案例10 ▶▶▶

"动""敢"地带

　　G公司是一家聚焦跨境电商服务的企业，公司通过区块链技术提供针对跨境货物的交易溯源及供应链金融反诈服务。企业在前五年时间聚焦产品研发，用追求极致的产品解决了互联网跨境贸易中存在的大量欺诈问题，并逐步得到市场的认可。随着业务的发展，公司扩张的脚步逐步加快，在这个时候发现了几个问题。

　　我作为顾问，访谈了几个核心骨干。

（1）人力资源负责人。人力资源负责人认为，最重要的问题是，高管团队缺乏执行力，总是议而不决，同时针对公司的商业发展问题，没有一致的认知。销售、研发、售前、售后服务四个部门好像在各做各的，创始人比较"佛系"。

（2）研发负责人。在产品研发的深水区，需要和市场紧密互动，如针对某些特定领域，是否深度投入，研发团队拿不准主意。每当研发团队提出一些意见，总会被销售团队无视，甚至在研发团队认为比较确定的领域，仍然得不到销售团队的反馈。比如，研发人员希望在金融行业投入一款产品，希望销售团队有专门团队配合推进，但销售团队以人手不够为由拒绝成立专门团队，只同意有项目随时沟通，导致沟通效率很低，以至于研发团队想建一支销售队伍。

（3）销售负责人。公司的业务基本上是销售团队在支撑，近百人的团队分布在全国各地，每天都非常辛苦。公司产品线非常单一，与竞争对手相比，虽然个别产品有一定优势，但在大型项目交付上，产品线有很多缺失，导致无法实现销售额的规模性增长。研发团队总想尝试新产品，对业务团队面临的压力不了解，销售团队肯定要聚焦能够有确定性产出的领域，研发团队应该跟着销售情况走，而不应该自说自话。

（4）售后负责人。公司业务以"软件即服务"为主，售后的技术服务工作量不大，更多的是采集客户需求，维护客户关系。用户大多数是技术负责人，对产品比较苛刻。对于产品问题，销售团队很多时候搞不懂，而研发人员不大喜欢和客户过多交流。因此，售后团队更喜欢和懂技术的销售人员及有商业头脑的研发人员交流，这样效率比较高。

最后，我和公司的创始人做了两轮交流。

（5）创始人。我们需要做面向未来三五年的事情，现在这些高管都在考虑当前的事情，都为自己部门眼前的利益着想。其他两名联合创始人都是研发人员出身，没有兴趣考虑商业问题。因此，公司现在考虑商业未来的只有创始人和销售负责人，视野不够宽阔。人力资源负责人来自一家上市公司，有一定的宏观视野，看到了团队组成的结构性问题。研发方面遇到的挑战很多，但销售方面的问题也不少，"软件即服务"对产品要求很高，用户界面和产品研发的联动做得不好，目前人力资源部门也帮不上大忙。

基于以上情况，我给对方提出了如下建议。

（1）研发、销售及售后组成三位一体的虚拟团队。

（2）针对具体领域（如金融行业），由产品研发团队牵头，建立包含销售人员的闭环团队，业绩和销售团队双算，避免踩脚。

（3）从内部提拔或者从外部空降一名高管，负责日常运营协调（如果是从外部空降高管，就需要具有组织顶层设计能力）。

（4）着手建立行业和区域的矩阵团队，这个工作由运营负责人承担。

（5）立即行动。

创始人部分采纳了我的意见，一年之后，G公司的业务取得了2倍的增长。

多年前，有一部韩国电影叫作《武士》，女一号是刚刚出演过《卧虎藏龙》的章子怡。章子怡在片中没有任何超越玉娇龙的表演，倒是片中屡屡犯错的将军临死前的一句话给我留下了深刻印象："战场中必须有人做出决定，即便是错的……"

作为领导者，总希望做出最明智的决定，而且会尽一切可能避免采取对组织有害的行动。但是，现实往往无法预判，当信息传播和技术更新以越来越快的速度展开时，我们很多时候甚至不知道最想得到的结果是什么，领导者不能因为要寻求完美方案而陷入瘫痪状态。领导者在当下面临的状况，需要在环境发生重大变化，以及可以全面分析问题之前，立即采取行动。领导者做出反应所需的时间越长，周边的环境就会变化得越多，领导者对问题及解决方案就会了解得越少。因此，领导者必须养成敢于行动的偏好。

二、情感强度

真实地面对现实必须足够强硬，这种强硬体现在情感上就是对自己、对他人要保持足够的硬度。情感强度将使你有勇气接受与你相左的观点，有勇气去鼓励并接受讨论中出现分歧。它将使你能够改正自己的不足，适当处理那些不能完成任务的下属，并果断地处理快速发展的组织中许多不可避免的问题。这样也能够使你获得真实的信息，因为无论喜欢与否，你都要面对现实，情感强度将决定行动的有效和及时。

1. 弗格森的"飞靴门"

"假如发现有球员给球队带来负面影响，我倾向于马上采取行动。有人会说这很冲动，但我认为迅速决断极为重要。为什么要带着困惑入眠呢？我会在第二天醒来后，采取必要的措施来维持球队纪律。重要的是，你必须对自己的决定有信心，一旦下定决心就必须推进。如果主教练失去控制，那么他在球队就待不了多久了。你要对局面进行全面的掌控，球员必须认识到，只有作为主教练的你，才能发号施令。你不能总想'球员是否喜欢我'这个问题，因为它会让你心乱如麻。如果我工作干好了，自然就能赢得球员的尊敬，这就足够了。"

——弗格森《统驭人生》

　　亚历克斯·弗格森，1941年12月31日出生于英国格拉斯哥，曾是英国男子职业足球运动员、教练员。1974年，弗格森在东斯特林队正式开始执教生涯，之后任教于圣米伦、阿伯丁，以及苏格兰队。1986年，弗格森成为曼联主教练。在之后长达27年的时间里，弗格森率领曼联共参加1500场比赛，取得895场胜利，夺得13次英超冠军、2次欧洲冠军联赛冠军、5次英格兰足总杯冠军等38项冠军，并在1998—1999赛季帮助曼联实现"三冠王"伟业，其在1999年被英国皇室授予下级勋位爵士。2012年，弗格森被国际足球历史和统计联合会（IFFHS）评为21世纪前十年最佳教练。2013年5月19日，72岁的弗格森在英超2012—2013赛季结束后正式退休。

　　弗格森是以强硬和苛刻形象著称的主帅。弗格森信奉的就是"保持控制权，重要的是遇事强硬"。但这只是其中的一面，同样重要的另一面是应对及时，避免情况失控。2003年2月15日，英格兰足总杯第五轮比赛，曼联主场迎战阿森纳。客场作战的阿森纳分别在第37分钟和第52分钟由埃杜和维尔托德各入一球，从而2∶0淘汰了曼联。比赛结束后，弗格森在更衣室里勃然大怒，猛烈地批评了曼联球员。弗格森与贝克汉姆在丢的第二个球上起了争执，弗格森一脚踢飞地上的一只球靴，这只球靴刚好击中贝克汉姆的左侧眉骨，顿时血流如注，史称"飞靴门"。这次受伤，除让贝克汉姆流血受伤、险些破相外，也标志着他与弗格森的亲密关系结束。2002—2003赛季结束后，贝克汉姆就被卖到了皇马。2005年，曼联的老队长罗伊·基恩公开批评队友，他的合约随即被终止。下一年，曼联的当家前锋范尼斯特鲁伊（以下简称"范尼"），公然表示对坐冷板凳的不满，弗格森立马将他出售给了皇马。

塑造强硬的领导力面临诸多压力，在巨大压力下保持透明，既保持严格的要求又获取部下的忠诚是必须面对的挑战。为应对这些挑战，领导者必须既能感同身受又能处变不惊。这需要领导者具备两个核心特质。

● 真诚，不坦诚

在心理学当中，"真诚"这个词的含义非常简单：率真坦白而不虚伪造作，言行一致，真正做到表里如一。虚伪的人迟早会被人们揭下面具，无论你遵从的是一套什么样的领导理论，人们都会观察你的行为。如果发现你言行不一的话，人们就不会以真诚的心态来对待你。在这种情况下，那些最优秀的员工会失去对你的信任，最糟糕的员工很可能效仿你的做法，而处于二者之间的员工则会采取一种明哲保身的态度。这最终将发展成为建立执行文化的一个巨大障碍。但是，真诚是有代价的，在不同的环境代价不一样。在复杂的环境下，绝对的真诚风险很大。

贝克汉姆是弗格森赖以成名的"92班"成员，与弗格森情同家人，为弗格森夺得多个冠军立下了汗马功劳，可谓股肱之臣。但即使两人是这样的关系，弗爵爷依然杀伐果决，在一场比赛之后就兵戎相见，难免让人有诡异的感觉。但是，真相往往比表面冷酷。当时，贝克汉姆年轻气盛，作为曼联旗帜性人物，俗称"万人迷"。贝克汉姆的太太辣妹维多利亚在娱乐圈风生水起，正在推动小贝往娱乐圈发展。同时，皇马正在打造"银河战舰"，也在向小贝暗送秋波，所以小贝心猿意马也在情理之中。那时弗格森对此心知肚明，如果放任小贝发挥，自然动摇球队其他球员的意志，毕竟不是每名球员都有一个歌星老婆，也不是每个人都能被皇马相中。如果直接与小贝摊牌，他已经无法挽回小贝转会去皇马的决心，毕竟球星的运动寿命只有十来年，而娱乐明星可以基业长青。弗格森判断正面硬来肯定凶多吉少，与其颜面扫地，不如先发制人。于是，他在这场比赛中借题发挥，造成师徒二人由于业务问题情感破裂，所以小贝被卖至皇马的假象。弗格森这样做，维护了自己铁腕治军的面子，又满足了小贝顺利转会的目的，可谓双赢之举。双方的态度都是真诚的，一个要面子，一个要里子；弗格森的处理不坦诚，却是最优的选项。

- 自信，不自负

我们在这里讨论的是一种真正的、积极的自信，而不是那种通过掩盖弱点而表现出来的狂妄自大和造作的自信。真正自信的人通常都比较善于和别人交流，因为这种人内心都有一种安全感，从而使他们敢于了解乃至接受未知的事物，并能够顺应环境的变化，及时采取变革措施。他们明白自己并非无所不晓。他们通常都对事物充满好奇心，能够在讨论的过程中鼓励对方提出与自己不同的观点，并学会在争论的过程中不断学习。他们愿意承担风险，并敢于聘请那些比自己聪明的人。所以，在遇到问题的时候，他们永远都不会束手无策，因为相信自己能解决眼前的问题。

　　范尼是弗格森钦点的爱将。在埃因霍温队（以下简称"埃因霍温"）效力期间，范尼曾因为膝盖受伤休战一年，并且错过了2000年的欧洲足球锦标赛（以下简称"欧锦赛"）。就是在那个时候，弗格森毅然排除众议，将荷兰人高价带到了曼联。范尼表示，当时的弗格森简直就是他的大恩人。弗格森甚至在范尼受伤期间亲自去看望他。当时的范尼对弗格森可谓"感激涕零"。后来，范尼用219场比赛150个进球报答了爵爷的知遇之恩。而2006年，这位曼联历史上的伟大射手和弗格森决裂，黯然离开曼联。在与维冈的联赛杯决赛中，范尼非常希望以首发队员出战，但弗格森仍然让萨哈和鲁尼搭档，荷兰人只能郁闷地在板凳上枯坐了90分钟。于是，范尼暴怒，赛后当面向弗格森表达了自己的不满，表示赛季结束后就转会皇马。

　　回过头去看这段历史，其实也不难理解。弗格森当年引进大伤之后的范尼和五年后云淡风轻送走功臣的自信如出一辙。五年前，范尼24岁，正值上升期，且天赋异禀，是欧洲不可多得的中锋。即使受伤，范尼依然大概率可以重回巅峰，在曼联世界级的医疗保障条件下，这并非难事。五年后的范尼年介三旬，且弗爵爷帐下萨哈、鲁尼、克里斯蒂亚诺·罗纳尔多（以下简称"C

罗"）三名21岁的小将已经喷薄欲出，而三人都是速度、力量俱佳的持球进攻型天才，范尼的站桩式踢法已经与全队渐行渐远。因此，弗格森送走范尼只是时间问题。五年前冒险选择范尼，五年后送走范尼，扶正鲁尼、C罗，弗格森这种自信而不自负的力量，又给曼联带来了数年的辉煌。

2. 隐形的执行董事

情感强度不是单纯的强硬，而是勇于直接面对客观现实。强硬而真实的决定并不会破坏双方的关系，正好相反，这类决定可以构建关系，最牢固的关系总是基于双方的相互尊重。失败者的心态总是"他不会原谅我弃用他的"，而成功者的心态却是"如果我选择了他，我们就赢不了"。苏格兰功勋教练沃尔特·史密斯把强硬的态度看作处理与球员间关系的要素。他说："在足球界，与我们打交道的不是商品，而是活生生的人。这些人一点都不笨，你干了什么，他们都看得清清楚楚，这就是主教练过的日子。"

情感上的脆弱可以使一个人失去采取必要行动的能力，不敢真实客观地面对事实，甚至会影响判断力。行动力和判断力是一名领导者必需的，情感上的脆弱会使领导者产生一种尽量避免冲突、延迟决策或责任不明的心理，因为他们总是不希望不愉快的事情发生，这将极大地影响领导力的发挥。

在低情感强度状态下，大家很难实事求是地面对组织中存在的问题，很难制订出最符合实际情况的战略规划。如果领导者没有勇气和自信解决组织中的冲突，或者提出善意的批评，整个组织就无法建立一种实事求是的文化。对表现不佳者姑息纵容几乎是所有公司的通病，而这在大多数情况下都是领导者缺乏情感强度的结果。如果没有一定的情感强度的话，你将很难聘请到真正优秀的人。在通常情况下，一位缺乏情感强度的经理很难聘请到这种人才，因为他们不希望有一位更加强的下属来威胁自己。为了保护自己脆弱的权威性，这些经理通常会请一些他认为比较忠诚的人，而排斥那些敢于提出新创意、对其形成挑战的人。实际上，这种情感上的脆弱最终将使这位领导者的前途和整个组织的命运毁于一旦。

案例11 ▶▶▶

阳光下的"发小"

H公司是一家聚焦工业互联网的企业，在工业物联网与边缘智能软件和工业智能分析与建模工具领域有着独特的优势。创始人来自顶尖学府，核心团队人员都是业内精英，因此该企业成立初期就获得资本市场及相关客户的青睐，发展十分迅速。但是，就在外界一片看好的时候，公司的几个高管开始离职，先是首席技术官离职，紧接着人力资源主管离职，核心业务骨干离职，甚至总经理也离职……

作为旁观者，我有幸看到了这个精英团队由于创始人的情感强度问题而发生的诸多狗血剧情。我访谈了几位当事人。

第一位接受访谈的是现任技术总监，前首席技术官的直接下属。首席技术官走后，她暂时负责技术工作。这是一位干练的女士，身材不高，但充满力量。据她说，其实创始人很好地扮演了首席执行官的角色，从融资到技术方向都深得公司内外认可。首席技术官的离职是由于产品研发进度慢，个人组织能力较弱，很多技术骨干颇有微词。而且，这些情况持续了很长时间，首席执行官和另外一位创始人兼执行董事都是了解的，实在拖不下去了。

第二位接受访谈的是董事会给高管团队指定的高管教练，这是西屋电气的前中国区首席代表，退休后定居在中国。他给几位高管都做过教练，按照他的说法，总经理的离职最为可惜。该总经理年富力强，很有亲和力，虽然是职业经理人，却以创业者要求自己，对公司很有归属感。在业务开拓方面，总经理总是会在很短的时间内赢得客户的信任，在员工中也很有威信。他之所以离职，据说和自身发展受限有关。我问："他已经身为总经理了，还会发展受限？"教练回答："据说是在某些业务发展方向上和创始团队产生了严重分歧。"

第三位接受访谈的是即将离职的骨干员工，是一位市场部的负责人。我以为即将离职的员工应该无所顾忌，恰恰相反，这位员工反而闪烁其词，欲言又止。这种情况让我非常好奇。于是，我耐心和他沟通，从他的口中有了一些奇妙的发现。首先，首席技术官的情况和那位技术总监描述的略有出入，重研发的首席技术官的确在产品进度方面不达预期，但在诸多技术骨干心中却很受尊重。他离职是因为被创始人架空了，觉得无法发挥作用。而总经理的离职更加令人玩味，总经理的几个扩张战略本来都在高管会上通过了，也部署到下面去执行，结果在执行过程中不是被停就是被打了折扣，在用人方面也会遇到出尔反尔的情况。于是，总经理几次与创始人正面沟通未果，最后愤而离职。

与几位同事交流之后，我见到了创始人，这是一位在海外著名学府深造过的专家型人才，拥有极高的智商和谦和的作风。谈到企业的用人方面，他反复强调，他很依赖另外一位合伙人，即现任执行董事。谈及此事，创始人甚至有一丝丝骄傲之情。从对话中，我了解到，创始人一直品学兼优，从事科研工作。创业之后，他发现自己为人谦和，很难做出强硬的决定，经常碍于情面而无法做出决策。而这位执行董事是他的"发小"（从小就要好的朋友），虽然一直在国内发展，但和他一直保持着很好的关系。创业的过程中遇到问题，他经常和发小交流，一来二去就把发小请进了团队。他的发小一直在国内发展，看待人和事更加犀利、务实。他本人偏乐观，而这个发小更加喜欢从困难方面着想。所以，他觉得这种组合非常合适，因此很多决策都是他们两人共同做出的。虽然发小算联合创始人，但毕竟进公司较晚，很多建议都是他私下向创始人提出的，再由创始人正式做出决策。所以，发小经常给人的感觉是幕后黑手。听到这里，我基本明白了，虽然无法窥破创始人的内心深处，但基本的判断已经有了。

我给了创始人几点建议。

（1）情感强度问题是他需要跨越的鸿沟，但维持形象和强硬的作风不矛盾。

（2）真实地面对客观现实，无论是自己，还是周围任何人。

（3）和执行董事共商大计是可以的，但决策必须由他本人做出，不能有人垂帘听政。

（4）无论首席技术官、总经理有何过错，首席执行官需要直接面对，执行董事不能在背后出招，即使为了维护公司的利益。

（5）如有可能，就扶正发小，让其作为常务副总裁，主管公司日常事务，正面参与公司管理。

后来，公司创始人采纳了部分建议，该公司在近两年没有再发生高管离职的事件。

第二节
瞻"前"顾"后"的指标

你无法控制你的车多久出现一次故障，这是一个滞后性指标，但你绝对可以控制多久进行一次汽车保养，这就是一个引领性指标。你在引领性指标上做得越好，就越能避免汽车出现故障。

一、关注引领性指标

1. 点球成金

奥克兰运动家队是20世纪90年代美国职业棒球大联盟最穷的球队之一。这支球队的球场破旧，比赛上座率也很低，想签约大牌球星的梦想变得越来越遥远。他们无法像富有的纽约扬基队一样为球员开出高薪，对方的预算是他们的5倍之多。于是，球队经理奥德逊扪心自问：什么才是真正使球队获胜的关键因素？

之前没有人认真考虑过这个问题，很多人认为拥有大牌球星的球队就可以赢球。但是，奥德逊想的是：是不是还有其他因素？怎样才能准确增加得分呢？或者说，创造得分的引领性指标是什么？这就是统计学家和计算机专家的工作——他们把一直以来被别人忽略的数据艰难地挖掘出来。他们发现，强打手进行全垒打时并不总是很有效率的，效率最高的是那些上垒的球员，其得分率比那些大家重视的强打手高得多，而好的强打手开价很高。就像在寓言故事里一样，乌龟的总体效率高过兔子。

奥德逊离开后，比恩接任了经理职务。他首先组织了一次令人大跌眼镜的招聘，雇用的都是一些看起来很笨拙、最不被看好的球员，而他支付的工资也就相应减少了。奥克兰运动家队一时间成了大家的笑料，人们认为比恩脑子进水了。然而，接下来，形势发生了戏剧性的变化。令人无法想象的是，奥克兰运动家队居然又开始赢球了。全联盟最穷、最烂的球队，居然夺得了赛区冠军。第二年，他们成功卫冕。很快，他们就瞄准了强大的纽约扬基队，去争取总冠军。尽管功亏一篑，屈居亚军，但他们击败了好多比他们有钱、球员更有天分的球队，这足够令人震惊。在胜利的鼓舞下，球迷们回来了。从此之后，奥克兰运动家队小小的赛场，场场都爆满。在长达十年的时间里，奥克兰运动家队以全联盟30支球队里排名第24位的球员薪水，维持了第5名的出色战绩。比恩所做的，就是跟踪球员的上垒率，然后聘用最善于上垒的球员。这些人不是大球星，不怎么出名，也不需要花大价钱，但他们都是值得信赖的上垒好手。上垒是得分的最佳方式，而在棒球比赛中，得分就意味着胜利。奥克兰运动家队的管理团队通过抓住引领性指标取得胜利，重新定义了人们对棒球比赛的认识。经过艰难的探索，他们研究了海量的统计数据，终于分析出了得分制胜的关键因素，发现了最为关键，而别人却从未留意到的引领性指标。这个激荡人心的大逆转故事后来被拍摄成一部著名的电影——《点球成金》。

引领性指标是一条有着杠杆作用的原则。它基于这样一个简单的道理：并非所有行为都是平等的，有些行为比其他的行为更能帮助你实现目标。如果你真的想要实现自己的目标的话，首先就应该学会如何鉴别出这些行为来。为了更好地理解，我们以减肥为例。减肥的滞后性指标就是，具体要减多少斤，而引领性指标可能是每天摄取的食物热量值不超过多少，或者每周进行多长时间的运动。这些引领性指标之所以可以成为预兆，是因为只要按照它们去做，你就可以大概预测下周的体重会有多少。在引领性指标上下功夫是有关执行力的关键。

关注引领性指标对于出色的表现具有重要的意义，但这也可能是高效执行中最难的一环，理由有三。

第一，引领性指标可能违背直觉。比如，在一个新业务开展的过程中，效果的显现需要较长的周期，而短期内客户的触达和曝光率是引领性指标，但有可能对最终效果帮助不大。这就像那些上垒率高但几乎没有全垒打的选手，表面看来都是些平庸的选手，但长期结果是好的。

第二，跟踪引领性指标是有难度的。引领性指标往往是衡量新的行为习惯的指标。跟踪人们的行为习惯，显然比跟踪结果难得多。而且，在大多数情况下，并没有现成的引领性指标跟踪体系来供你操作，所以你可能不得不自己创造一套这样的系统。"菩萨畏因，众生畏果"，结果导向是对的，只看结果是错的。在企业运营中只看结果往往是运营惰性导致的，关注引领性指标需要细致观察和科学设计，往往比较烧脑，费力不讨好，而跟踪结果简单，又比较容易撇清关系。

第三，引领性指标有时候看起来太简单。引领性指标需要精确地把精力聚焦在一个特定的行为上，而这个行为有可能看起来不那么重要，特别是在外人看来。比如，有些公司颇有争议的打卡制度，要求员工定期、定点进行不少于一定数量的打卡。有的观点认为这样的规定缺乏人性，是对员工不信任；有的观点认为这样的机械动作有助于业务推进，是强化执行的必要措施。我无意判断此举的对错，只是从客观影响看，这种对于引领性指标的强化，势必对最终结果造成影响，至于结果好坏要视企业面对的实际业务及相关配套措施而定，无法一概而论。

2."Review"的罪与罚

Review，英文单词，做名词时意为"回顾、复习、评论、检讨、检阅"，做及物动词时意为"回顾、检查、复审"。这是企业中最常见的动作，Review就是针对引领性指标的检查。这种Review一般以日、周、月为单位，常态化、有规律地对业务状况的引领性指标进行审查。

Review是经典的针对引领性指标进行督查的手段，实操过程关注细节强度很大。在工作中，我们遇到过很多种运营跟踪方法，无论是关键绩效指标（KPI）还是目标与关键成果（OKR），落实这些手段的通常都是规律性Review。IBM曾经有一个标准的SSM销售模型，这个销售模型包括七个步骤，每个步骤都有对应的销售技能要求、销售工具，帮助业务经理开展工作。每个步骤都有销售管理目标及自检问题，帮助项目管理者控制项目活动。IBM所有的沟通和管理都以此模型为基础，以提高商业效率要求所有部门的员工。IBM必须通过这个培训，让员工具备最根本的销售逻辑和技能。这是一个典型的聚焦引领性指标的模型。

SSM销售模型分七个步骤。

第一步：建立关系。

与客户建立关系，并确定合作发展方向。这是销售的第一步，以建立一个良好的联系为目的，并不急于获取项目信息等。这一步主要关注有效链接的建立，这是链条的第一环。

第二步：发现需求。

通过交流，相互评估，并发现需求。单纯从客户角度出发，发现客户的痛点，这一步与价值导向有关，仍然与结果无关。

第三步：双赢目标。

依据商机评估与客户的需求，制定双赢目标。这一步主要关注自己的能力能否与对方的需求相匹配，实现良性互信。这一步依然关注双方的价值匹配，评估双方的价值诉求结合程度；如高度契合，则意味着合作成功率较高。

第四步：表明价值。

这一步开始向结果前进，但仍然关注本方价值是否得到对方认可这样的前置指标，向关心不同需求的决策人表明自身价值并阐明能力优势。客户采购时，绝不是只看某个指标，应该将采购指标引导到对自己有利的方面来。销售是一个竞争的世界，无论你做得多好，竞争对手只要比你好一点，你就会惨败。因此，销售的时候一定要围绕客户的需求找到优势和劣势，去巩固优势，消除威胁。不同的决策人需求不同，这需要注意，如老板可能关注的是方便管理、财务经理关注的是节约费用、信息技术经理关注的是安全稳定。

第五步：双赢方案。

基于自身优势和客户需求建立双赢方案，并实施竞争策略。本阶段主要是与竞争对手竞争。现在市场竞争激烈，客户通常向多家企业询价，以取得最优惠的条件。如果能得到竞争对手的方案或报价，就有利于后续竞争。同时，在必要的时候，向公司取得针对该项目的优惠政策。

第六步：达成交易。

最后才是结果指标的达成。在双赢基础上，利用谈判技巧完成交易。此阶段主要是与客户讨价还价，并争取公司资源。在竞争市场上，自己的价格是由竞争对手决定的。客户经理在此阶段，一方面要争取公司的资源，另一方面要引导客户，不要无条件地满足客户需求。

第七步：满足双赢。

实施双赢方案和实现销售价值，达到双赢目标。这一步就是水到渠成的结果，每一步的引领性指标的达成都是最后双赢结果的前提。前几步引领性指标就像阶梯，一步步把双赢结果引导出来。

这七个步骤每一步都在关注引领性指标，从事实依据、行为差距、行动计划、时间节点、行为再查等几个方面，七个步骤紧密结合，构成了一个聚焦引领性指标的框架。

二、从肌肉记忆到心智记忆

哈维、伊涅斯塔的传球和跑动，国内的很多职业球员都做得出来，梅西、C罗的过人和射门，也不是不能模仿的。然而，什么时候跑，往哪里跑，什么时候射门，用什么技术动作，电光石火间的选择就千差万别。恰到好处地完成这些动作不仅靠肌肉记忆，更靠心智记忆。经常有人评价某些球队、某些球员球商很高，说的肯定不是肌肉的质量高，而是意识好，心智水平更优异。

从肌肉记忆到心智记忆，源自人类的漫长的进化。当我们的祖先在森林跋涉时，来到一片林间空地，发现那里有条溪流。此时，他的肌肉记忆迅速启动，驱动并快速接近水源，去补充水分。与此同时，他的心智记忆中保留着发现猛兽特有的气味、外貌和声音的原始目标，以及第一次到达现场的场景细节。心智记忆告诉他，每年这个时候，在这种地方遇到猛兽的机会很大。所有这些进程必须同时管理。目标管理使他能够驾驭这种复杂多变的情况，最后得出结论：有一只猛兽隐藏在灌木丛中，他现在还不能去饮水。

因为有心智记忆，我们能够在有短暂时间间隔的多个事件间顺畅过渡，同时保持连续的感觉。有人认为这是一种内部而不是外部的注意，这是有道理的。暂且不论心智的内容，心智记忆是完成目标必需的关键的认知控制工具。心智记忆无时无刻不在发挥作用。它转瞬即逝，通常不会被我们意识到，很难想象我们没有这种能力的生活是什么样的。事实是：心智记忆是认知控制的一个关键方面，对日常生活至关重要。如果它不存在，我们的感知和行为之间将失去联系，每个事件都会变得支离破碎，毫无联系。

当我们需要运用有限的资源同时从事多个活动时，目标管理变得尤为关键。这一点对于许多感知和行动的过程来说十分明显，对认知控制的过程也是如此。

在瓜迪奥拉执教拜仁期间，球队以主场不败的优异成绩取得联赛冠军，年轻的主力后卫基米希功不可没。在一场比赛胜利之后，瓜迪奥拉跑到球场上，极为热情地与基米希交谈，后者一脸困惑。瓜迪奥拉告诉他，这场比赛他表现得很棒，但在比赛还剩4分钟贝纳蒂亚上场后，他来到中场，就不应该继续以中后卫的思维去思考比赛了。他的位置太靠后，防守的区域出现了问题。瓜迪奥拉并不是在批评基米希，而是在提醒他需要谨遵战术指示，否则全队都会受到影响。这种场面后来在曼城也经常看到，瓜迪奥拉在赢得一场比赛后，拉着主力边锋斯特林喋喋不休地"指点"，不是因为他独中两元而褒奖他，而是因为他在终场前两分钟卖弄脚法，差点激怒对手，导致受伤。技术动作那些肌肉记忆在这个级别的球员身上都不是问题，瓜帅这样去抠细节，目的就是让球员完成从肌肉记忆到心智记忆的转变，恰当地运用肌肉记忆，在瞬间做出最优的选项。

在企业中推动团队或组织做事的时候，所用方法都可以归结为两大类：第一类是发号施令，改变别人的肌肉记忆；第二类则需要改变他人的行为习惯，影响心智。在发号施令时，你需要做的只是安排、指挥下属去做事情。简单来说，只要有足够的资金和权威，你就可以这么做。这就相当于肌肉记忆，出于条件反射，机械执行即可，动力来自压力而非主观驱动。改变行为习惯则有很大的不同，你不可能通过命令完成这些工作，因为它们需要很多人参与做不同的事情。如果你曾经尝试改变他人的行为习惯，就会知道这有多难了，改变心智记忆要困难得多。

很多年轻的领导者遇到过相同的问题，我曾经接待过的一位新能源汽车领域的年轻高管尤为典型。

案例12 ▶▶▶

雪烧"连盈"

某年冬天，一夜大雪让京城寒气透骨，朋友圈四处传播着晶莹剔透的紫禁城、热气逼人的火锅。连盈完全没有这些心情，作为特斯汽车北方地区负责人，他最近遇到不少麻烦。由于国家对于新能源汽车的支持力度加大，各大车厂都在加大力度，尤其与地方政府的合作热火朝天。特斯汽车从上海起家，北方地区不是其传统优势地区，连盈的团队平时的工作压力并不大。而这一刺激政策的转向，导致公司对连盈团队的压力陡然增加。一次，集团领导对当地的工作提出了批评。在后来的民意调查中，连盈团队的几名同事竟然一致把责任推给了连盈，理由是连盈平时只是把工作目标下达给团队，对于团队的执行情况不闻不问，除发号施令外没有其他的增值动作。而连盈也颇多委屈，本来自己辖区并非集团主打领域，团队成员都比较年轻，按部就班工作并无太大压力。而近期政策调整太快，团队能力没跟上来，个别同事根本无法胜任工作。因此，他只是把组织下达的任务传达，至于具体落地过程，他希望团队通过自己的努力实现。说得再直接一点，就是连盈认为目前团队个别人的资质很差，只能靠自己打拼出来，指导是没有用的，有那些时间还不如他亲自上手。而连盈对集团领导的指责也颇有意见，北方地区本来就是落后区域，集团没有任何资源倾斜，团队基础薄弱，自己的强势领导作风在当地是管用的，而政策转向需要时间适应。他在北方已经进行了布局，团队的"化学反应"很快就会出现。

听完连盈的故事，我心里大概有了一个轮廓，给他提了如下的意见。

（1）集团领导希望你既能用人，又会育人。

（2）在团队能力欠佳的情况下，需要领导者孤军奋战解决问题。

（3）集团领导不会接受封疆大吏式的领导者，他们更希望看到能够改变团队心智的领航员，同时可以随时顶上来的补锅匠。

（4）单纯靠发号施令做好的事情并不多，很多命令发布后，需要改变人们的行为习惯。为了达到一个前所未有的目标，你必须开始做之前从未做过的事情。

（5）组织最重要的整体目标，并不是对任务的翻版陈述。它也不是你们的愿景，而且往往不能完全代表组织的战略计划。你们最重要的整体目标，是一个聚焦点，因为它需要人们行为习惯的改变，所以需要在这点上多下功夫。

领导一个组织和管理一个组织之间的确存在巨大的差别。建立一种执行文化并不是要进行微观管理，也不是要解除工作人员的权利，相反应该是一种更为积极的参与——首先完成一名领导者应该完成的工作。那些善于执行的领导者常常会从事一些非常具体甚至关键的细节性工作。他们根据自己对企业的理解不断提出新的问题，并带领大家一起来解决这些问题。他们不仅通过肌肉记忆去发号施令，而且和大家一起改变行为习惯及心智记忆。

案例13 ▶ ▶ ▶

精细、枯燥但管用

J公司是一家国际化企业，鲍佳杰是该公司中国区总裁，他是一位既重细节又会放权的领导者。2020年，公司的公益基金希望在国内捐赠一批项目，于是团队成员纷纷提报。相比平时的高强度工作，公益捐赠无疑是比较轻松的，于是团队成员以放松甚至娱乐的心态申报了一系列项目。看到这种情况，一贯简政放权的鲍佳杰收紧了申报尺度，提出了一系列具体的申报标准。

（1）项目描述：项目方向、重点区域、重点人群、重点组织、预算周期、预算金额、主要责任人。

（2）必要性及重大意义：①符合哪些国家鼓励的政策，列出政策文件；和哪些政府机构沟通过且得到认可。②从业务发展看，该项目解决什么问题，对业务的显著影响是什么？③从国家政策、市场竞争、技术方案等维度，评估项目存在的潜在重大风险及应对策略。

（3）目标及价值分析：①项目实施的核心目标有哪些？列出3项左右项目的关键绩效指标；②项目实施后带来的经济价值、社会价值、战略价值、示范价值；③业务模式，通过需求痛点分析，确定业务定位、业务场景、业务手段，形成业务闭环。

（4）项目实施方案：①主体实施：谁负责建设？自建还是第三方合作伙伴建设？是否需要跨部门，协同机制是什么？②建设方案：技术方案的细节，工程方案需要的线下场地建设与改造。③运营方案：谁负责运营？是否已有团队？持续运营的资源保障是什么？④推广方案：选择试点区域、试点对象、示范效果、资源投入估算等。

（5）业务逻辑：描绘从项目投入到产出的业务流程，如何形成价值闭环，有明确的项目结果。

（6）项目预算预估：建设成本、物料成本、运营成本、人员投入、技术开发、市场拓展、政府关系等各项成本，以及项目执行计划，数据尽可能翔实准确，并按年度核算。

6项申报标准清晰地表明了针对一个公益捐赠项目的深思熟虑，在规范团队成员的申报行为时，深刻地影响了团队每个成员的心智。大家意识到一丝不苟、注重细节的要求是深入企业灵魂的事情，即使公益捐赠项目，也不能放松要求。从行为到思想，大家以更高的标准要求自己，从肌肉记忆过渡到心智记忆。

第三节
既要又要还要

　　"我经常听到这样一句话：'你给我的都是矛盾信息。'我会说：'你是领导者，你得到报酬就是为了传达矛盾的信息！'既增长又收缩。我们处在复杂的世界中，有些领域会增长，有些领域会收缩，这就是我们为什么要给经理报酬——他们得思考！"

——美国国际集团彼得·汉考克

　　全力进攻，但不能忽视防守，密集防守也要抓住反击的机会，这是竞技体育中常见的现象，企业经营也是如此。部分原因在于，真实世界不存在非黑即白的选择，每个选项都需要考虑与之相互依赖又相互对立的另一个选项。例如，创新性可能与运营效率相冲突，但如果没有某些创新就不可能提高效率，如果效率不够就没有创新余地。这种相互依赖令矛盾成为战略悖论，领导者必须重构问题，不是可以彻底解决的二选一的取舍，而是持续进行有目的的微调，既要又要还要。

例如，最常见的矛盾就是稀缺资源和充足资源。传统领导方式预设资源有限，时间、金钱、人力等各种资源莫不如此。想一想级别较低的管理者面临何种限制，这种预设也不足为奇。资源通常由更高级别的权威来分配，这种状态不会改变太多，除非你自己成为更高级别的权威，这时候"资源有限"的概念已经在你脑子里扎了根。高管自然而然地寻找约束从何而来，往往会发现来源是"市场期望"或"竞争对手的威胁"。但是，预设资源有限一定会导致零和思维：为一个目标分配资源，意味着其他目标无法得到资源。目的不同的管理者因此产生矛盾。对比之下，接受悖论的领导者则会明白，从不同的角度看，资源可能是充足的，而且通常可以再生。具备这种价值创造思维的人，追求的不是把蛋糕越切越小，而是设法把蛋糕做得更大，如寻求新的合作伙伴，利用其他技术或更灵活地安排时间，转移资源以便更好地利用资源。随着时间推移，兼顾多个战略可以让每一个战略都得到更多的资源。

还有人们经常说的不确定性和稳定，在真实世界我们无法单纯追求稳定和确定性，只能主动接受动态和改变。领导者必须从情感和认知两方面接受新的东西，建立应对不确定性的管理战略，而非控制和减少不确定性。领导者必须保持谦逊，甚至暴露脆弱的一面，承认自己不知道未来会怎样。这种方法强调试错的价值，可以催生批判式反馈，促进学习和不断调整。

还有短期和长期目标的矛盾。德鲁克提醒我们，应对时有分歧的短期和长期目标，是一个早在商业出现之初就已存在的挑战。德鲁克说："首席执行官要决定如何平衡当前收益和为不可知且高度不确定的未来投资……这是一种判断，而非基于事实的决策。"

综合以上几点，企业其实别无选择，通过有限的资源获取超额收益，通过接纳不确定性来获取稳定的发展，通过当下业务获得投资未来的权利，这几乎是唯一的选项。当然，在竞技体育中，也没有更好的答案，只是表达方式更加乖张。

一、围绕空间还是围绕球权

足球是关于空间、球权和整体的艺术。瓜迪奥拉通过控制球权来支配空间，而穆里尼奥通过压缩空间来掌控球权。这正如组织，组织永远面临着无数的悖论，一个健康的组织永远要在悖论中前进。例如，既要张扬个人英雄，又要推崇群体智慧，既要推进内部竞争，又要强调群体合作。

空间并不总是固定不变的，它是动态的表达。梅西、马拉多纳的空间和其他人的空间肯定不一样，别人看似没有空间的地方，在他们眼里就是宽阔的马路。别人眼里的遥远的空间，罗伯特·卡洛斯的一脚射门会令其折叠起来。空间很抽象，球权貌似很具体，但穆里尼奥的球队退缩半场，把自己压迫到禁区的时候，球权到底在谁脚下还真是未知数，也许你只是替穆帅的球队暂时保管球权而已，因为整个球场充斥着反击的能量。现代足球曾经存在冗长的争论，那就是球队应该围绕球权还是空间来打造战术，结果穆里尼奥和瓜迪奥拉联手把这一争论变成了伪命题。空间的能量场和球权的能量场原来是一个整体，围绕什么来打只存在于哲学领域，在实战中这已经不再是问题。

几年前我访谈的一家企业至今让我挥之不去。

案例14 ▶▶▶

执行的"左右逢源"

　　K公司是用人工智能技术在金融服务领域提供检索服务的企业，在初创阶段通过专家驻场方式迅速获客，在国内的各个领域获得了三十多个客户，同步获得了A轮、B轮融资。该公司由三个联合创始人建立，主要矛盾产生在首席技术官和负责商务拓展的副总裁之间。

　　我首先访谈的是联合创始人副总裁。

　　按照他的说法，当时的产品形态还不固定，对客户的服务以定制开发为主。几十人的团队每天都在客户现场驻扎，一驻扎就是个把月，时间久了很多同事受不了。但是，这也是阶段性的。客户是衣食父母，服务好客户是首选的。他认为一切产品都服务市场，服务客户，做好客户服务是终极目标，而产品只是载体，所以应该围绕客户需求来重新定义产品，而服务方式是暂时存在的困难，需要团队克服。

接下来，接受我访谈的是首席技术官。

首席技术官认为，当前的公司发展应该围绕产品研发，一切市场行为都是为产品研发服务的，一旦市场行为干扰了研发进度，必须坚决地收缩市场，保研发，这才是长治久安的策略。目前公司的研发进度经常被前端的需求和功能修改打断。几乎每个周会都会围绕这个问题展开讨论，最终总是不了了之。时间就在这种讨论中渐渐流逝。业务侧迫于营收压力，没有任何动作，只能放任这种情况发展，已经有多个项目面临交付困难，客户开始投诉，必须有所行动了。

最后，我见到了创始人，一位前大学教授。

创始人从美国回来创办了这家企业。我们交流了大约两小时。我有几个明显的感觉。创始人虽然保持着足够的镇定和乐观，但对于当前的矛盾缺乏解决的办法，甚至有一丝慌乱。同时，创始人对当前的业务状况有一定的疑惑，不继续扩张就无法获客，继续获客就保障不了研发进度。他希望尽快做出取舍，但又不想让团队感到仓促，所以希望用比较科学的方式决策。创始人是一个非常善于学习的人，对于战略选择的重要性心知肚明，甚至设想用数字技术设计一套算法模型来辅助决策。

我给了他几个建议。

（1）做好市场拓展是日常工作，做好产品研发是战略目标。

（2）迭代产品要通过日常工作积累，做好产品和服务客户的长期目标是一致的。二者互为战略目标，不存在取舍问题。

（3）这是既要又要还要的问题。通过做好日常工作达到战略目标是企业功力的体现，做不好的企业会被淘汰。

（4）目标是星辰大海，是诗和远方，但怎么走出村子才是实现这个目标的第一步。把业务拓展和产品研发统一到一张作战地图上，让业务拓展和产品研发相互赋能，在限制条件下实现战略目标是优秀企业应该做到的事情。

在战略执行的过程中，最为重要的元素是你知道自己要前往的方向，并且知道在未来的6个月中做什么。在通常情况下，需要把方向解析为短期和长期的目标。英特尔首席执行官格鲁夫曾经说过，英特尔的成功的原因之一在于将中短期目标和长期目标结合。格鲁夫认为，重要的是头脑中同时有两个目标——未来的和现在的。想要成功的话，企业的领导者必须能够同时跟踪这两个目标。这不是两个分离的问题，也就是说，不是你要么向远处看，要么集中于日常工作，而是必须两者兼顾。如果你专注于未来6个月的挑战，就不知道要向哪里走；如果你将两者紧密结合，经常更新计划与想法，你就更有可能成功地从现在走向未来。

二、"战略方向和战术细节"合二为一

"管理是一种实践，其本质不在于'知'，而在于'行'，其验证不在于逻辑，而在于成果。"

——彼得·德鲁克

2020年2月17日，热刺对阵阿斯顿维拉，双方战成2:2，伤停补时第4分钟，孙兴慜打进近乎杀死比赛的进球，热刺全场狂欢。穆里尼奥做的第一件事就是赶紧找到正在热身的费尔通亨，然后向第四官员施压，目的就是在最后一分钟把换人名额用上，把阿斯顿维拉最后一次进攻的时间耗完。大家一般认为，穆里尼奥的核心理念是防守反攻，这是基于被动破坏的战略思想，因此对执行细节不必太过苛求，毕竟破坏远比建设来得痛快。而从最后一分钟绝杀对手的瞬间选择来看，穆帅对于战术细节的精确把握依然是精益求精的，即使对手只剩下理论上扳平的时间，依然需要通过严谨的战术执行把理论上的可能性消灭干净。

2022年英超第24轮比赛，曼城坐镇伊蒂哈德球场迎战布伦特福德队。赛前格拉利什、凯尔·沃克和马赫雷斯夜间外出，这

是违反比赛纪律的举动。在新闻发布会上，各路媒体问及此事，瓜迪奥拉回答："格拉利什、凯尔·沃克和马赫雷斯夜间外出，我感到非常失望，因为他们并没有邀请我。社交网络上传播的视频没有显示到底发生了什么，有什么没有发生。他们都是完美的球员，但他们会被罚款，因为他们并没有邀请我。我感觉自己受到了不公平的对待！"瓜迪奥拉的传控打法对细节要求近乎变态，其自身也是极端严谨自律的人，按说手下弟子大赛之前夜间外出，这断然是不能允许的。但在整体战术实施不受影响的情况下，选择忽略这一细节，从战略角度维护球队的整体团结，这体现了瓜帅的进退有据。

对传控细节近乎痴迷的瓜帅，对球员偶尔犯错可以风轻云淡地予以包容，具有大局观，保持了团队整体文化的松弛。对整体足球毫不妥协的穆帅，却体现出对过程和细节的精雕细琢。

吉姆·柯林斯的现代管理学经典著作《从优秀到卓越》就讲述了多家业绩一般的企业转变为业绩卓越的企业的过程。几乎所有的转变都源自简单清晰的战略关注点，例如，金佰利卖掉工厂，将重心聚焦于纸制品销售；沃尔格林和克罗格专注于定义明确的区域市场里简单、基本的零售业务。在所有案例中，典型的例外是通用电气。

杰克·韦尔奇曾因裁员和削减成本作风强硬而获得"中子杰克"的称号，而中子弹是一种杀伤性强但不破坏物理设施的核武器。在韦尔奇上任时，通用电气此前15年的净资产收益率为17%~18%。在韦尔奇掌权的22年中，通用电气净资产收益率上升至约24%，总利润规模也在加速增长，并在2000年成为全球最有价值的企业之一。在韦尔奇治下，通用电气的经营领域由原来的6个（包括一个单独的国际部门）变为11个。韦尔奇回归了企业原来的战略原则：在所处领域必须数一数二，否则就退出该市场。与此同时，在权力下放后，企业各部门专注于降本增效。在韦尔奇的职业生涯早期，通用电气虽然涉足了大量互不相关的领域，但战略原则清晰易行，这使各级管理人员能够专注于效率，从而使企业获得出色的业绩。

有效的战略规划并非高回报率的唯一来源。当然，战略是很重要的，不切实际的战略必然会带来糟糕的业绩，优秀的管理层进入糟糕的行业也会被拖下水。战略并非全部，执着战略规划而忽视执行效率同样很危险。无数证据表明，战略地位相同的企业也会存在业绩差异，且业绩可以在大环境没什么改善的情况下得到提升。这些都说明了执行水平的重要性。

我在顾问生涯中遇到过两位在执行层面非常杰出的企业家，没能创造机会让两位企业家谋面是我最大的遗憾。两位企业家，一个在向东的方向，在战略方面有无穷的构建能力和想象力，一位在向西的方向，在落地细节执行方面有着变态的痴迷。同时，两位企业家对自己不擅长的方面都近乎不屑地排斥。

企业家 A 以积木式创新的践行者闻名业内。五年前，他曾经画过一幅蓝图，认为战术执行要服从于战略设计的终极图景，终极图景可以用拼图方式实现。他入股一家 5G 设备生产厂商，这两个动作看似风马牛不相及，但颇有深意。连锁商超拥有大量线下门店，位置服务企业的互联网流量是有待挖掘的金矿，通过控制两家企业，企业家 A 有望完美实现线上入口和线下流量的结合，对纯粹的商超和单一的位置服务企业有着碾压性优势。按照这样的战略布局，企业家 A 不断地利用资本杠杆去撬动同类型企业。几次并购下来，他的企业版图真的像之前设想的那样，从流量入口到线下布局，从企业用户到个人用户都有望打通。但是，问题也来了，互联网流量成本很高，与线下门店整合，如何实现"1+1>2"，是个问题。

企业家 B 与企业家 A 截然相反，他是一家国有企业的执行总裁。在企业家 B 看来，任何的创新和顶层设计都不如攻城略地来得实在。在主管企业运营的十余年间，他精耕细作，大到每次项目投标，小到每个产品定价，上到部门设置，下到新人落地，都悉心关注。在这种精益求精、谨慎务实的作风下，企业保持了稳定的发展。但是，整个行业下滑，企业无法幸免。在陷入下降通道的过程中，虽然相比同行，企业依然能够勉力支撑，但丝毫看不到质的改变，未来一片暗淡。

只有当适当的人在适当的时间开始关注适当的细节时，一个组织才能真正落实一项计划。将领导者心中的理念转变为整个组织的实际行动是一个相当漫长的过程，你必须考虑到各种因素，包括需要承担的风险及预期回报。你必须跟进每个细节，选择那些能够切实负责任的人，指派给他们具体的工作，并确保他们在开展工作时能够协调、同步。要做到这一点，你必须对企业内部和外部环境有深刻、全面的了解。你应该有判断人的能力，能够看出他们的能力、可靠性、优势和弱势。除此之外，你还要强烈地关注目标，并能够进行批判性的思考。为了做到这一点，你必须能够与下属坦诚、客观地交流。缺乏执行力的领导者是不完整的，也是不合格的。如果不能执行的话，领导者的所有工作都会变成一纸空文或一场空谈。

企业家A重战略规划，轻战术执行，因此大开大合，但漏洞层出不穷，实际效果大打折扣。企业家B重执行，重战术，轻视战略性思考、颠覆式创新，导致企业严谨有余，活力不足，虽然企业看似经营稳健，但实则疲于应对，核心竞争力越来越弱。所以，我经常想，如果这两位企业家能够相互借鉴，取长补短，一定能够构造出最杰出的企业。

"执行"这个词听起来可能不那么吸引人。领导者总是喜欢自己制定战略，然后把执行落实的任务交给下属。实际上，轻视执行在根本上就是错误的。很多人都说自己更喜欢接受智力上的挑战，这些人对智力挑战的理解只有一半是正确的。他们根本没有意识到，智力挑战也包括严格的执行工作。这些人之所以会形成错误的观点，其根源还是体感不够，认为只要有了好的想法，一切都会自然发展，直到产生好的结果。世界上存在不同类型的智力挑战，构思一幅宏伟的图景只能算是最基本的一种。将宏伟的图景转变为可执行的行动方案会更复杂，因为将牵涉巨大的智力、情感及创造性方面的挑战。稳定的执行之所以能够成功，是因为在不断执行的过程中，能够测试和发现许多以前没人意识到的模式和联系。

番外
战略和执行擦身而过

企业家经常会 抱怨团队的执行力不够，而经理人最常说的是企业家战略不行。

真实世界里有很多执行力超强的企业，但前提是战略必须正确，所谓选择比努力更重要。没有战略的突破，仅靠执行增效，只能事倍功半。但是，战略突破也经常是基于战术落地而不断迭代的。除非有像乔布斯那样不世出的天才加持，否则一般意义的企业，战略和执行是相互促进、无法割裂的。

企业家总是喜欢有行动力的经理人，经理人往往乐于跟随有远见的企业家。

企业家需要不断试错，但需要基于系统性的思考。而经理人要行动再思考，做行动思考派，用行动拓展企业家思考的空间。当战略方向陷入下降通道的时候，企业执行力越强越可能被摧毁。因此，企业家要时时审视战略方向。当战略不够清晰的时候，经理人不要犹豫，要坚决执行，争取把某个具体领域打穿，再来研究战略是否有优化的空间。

从本质上说，将短期和长期、战略和战术管理合二为一的关键，在于对真实世界的理性认知。在实现短期业绩的同时，为明天播下种子，这比任何单一目标的达成都要难。实际上，很多经理人会在这个方向上打退堂鼓。为了躲避这种短期、长期双重的目标任务，他们会有意无意地逃避深入调研和痛苦思考。他们追求短期目标，不热衷创新和寻找投资的新方法。相反，他们落入传统策略、政策及流程的窠臼，依靠各种会计手段交差。

企业运营完全可以同时实现短期和长期的目标。当然，这意味着你必须季复一季、年复一年地思索、探究。给自己、团队及组织多一点儿压力，以一种比以往更为深入的姿态，认真思考一下客户、市场及流程，培养一种严谨的宏观分析和关注细节的思维能力。对自己和他人提出具有挑战性的问题，不找到最佳答案誓不罢休，即便这意味着你需要直接面对残酷的现实。业务研究、业务监督、业务执行三位一体，充分做到既要又要还要。

信任篇

信任矩阵

"一个缺乏信任的社会实际上是在向所有的经济活动征收一种税，一种高度信任的社会里没有的税。"

——弗朗西斯·福山

第一节
信任的双重假设

穆里尼奥曾经说过："足球在专业知识之下还有对人性深刻的理解，它可能是人文科学，而不是运动科学。"

穆里尼奥极度自信、坚定顽强、严谨细致、冷酷专制，他成功感召球员的秘诀就是相互信任，同舟共济。切尔西兽腰艾辛曾经说过，穆里尼奥就是自己的父亲。国际米兰功勋后卫马特拉齐也说过，自己可以为穆里尼奥去死。当然，就是这样一位功勋卓著的冠军教头，因信任而成功，也因信任而倒下。

玛格丽特·福迪和山岸俊男对信任有过一个定义："信任是一种在不确定或风险情境中对互利互惠的期待。"从穆里尼奥的经历中可以发现有两类信任十分典型——交易型信任与卓越型信任。

交易型信任是指个体的利益给予与回报是以他人给予和回报的利益为基础的。个体与他人在利益的给予与回报之间存在一种明确的因果关系。利益的给予必然要求对方相应地回报，而接受他人利益也随之产生一种亏欠和责任感，促使回报对方相应的利益。个体给予他人利益的多少直接取决于他想要回报的程度或亏欠他人的利益有多少。双方的情感联系在这种利益的相互交换中不断增长，从而更好地维护了双方信任关系的稳定。

卓越型信任则指个体之间的利益与回报并不存在直接的因果关系。个体和他人基于共同目标而达成互惠关系，且不要求相同量级的利益回报。当然，在这种关系中也会存在一定的利益给予与回报，但其遵循的原则完全不同于交换关系，给予利益可能带来利益回报，但这都建立在与另一方的目标一致的基础之上，否则这种不以他人目标为基础的利益回报反而会损害双方关系的稳定程度，进而影响到双方的情感联系。

一、卓越型信任

号称"上帝之后就是我"的狂人穆里尼奥是追求卓越的典型"病例"，特里、马特拉齐、伊布、艾辛等硬汉曾经甘愿为其赴汤蹈火般地追逐胜利，阿扎尔、博格巴之流却因为目标不一致而与其反目成仇。不过，如果穆帅知道我们还能用他的经历诠释信任，除了无语可能喷出一口老血。

1. 信任的卓越之殇

穆里尼奥两度入主切尔西，分别执教三年时间。第一个"穆三年"，2004 年 7 月，穆里尼奥正式出任切尔西一线队主教练，前两个赛季都获得了英超冠军。2006 赛季伊始，他和老板阿布拉莫维奇（以下简称"阿布"）产生分歧。穆帅希望继续补强球队，而老板阿布给了他舍甫琴科和巴拉克两大强援。这两人虽然成名已久，但都不是穆里尼奥想要的，因为这两名球员的加盟，穆里尼奥不得不改变原先已经得心应手的阵型。冬窗期前夕，主力门将切赫头部重伤，替补门将接着受伤，史称"蓝桥灭门"。紧接着，后防中坚队长特里受伤，穆里尼奥央求老板阿布，买个中卫过冬。阿布却迟迟不动，最后签了以色列中卫本哈伊姆，而其到来的时候已经是夏天，对整个赛季没有任何帮助。

在这一阶段，作为主教练的穆里尼奥相当于企业的首席执行官，他与资方阿布产生了分歧。阿布在赛季初选择了巴拉克和舍甫琴科，相当于在经营方向上发生了微调，而穆里尼奥不认可这种变化，且不接受这种变化。在实际工作中，舍甫琴科也没有得到重用。资方制定的战略，管理层非但没有执行，甚至在很多场合流露出不满情绪。这种源于对业务发展方向的分歧，导致老板和管理者产生信任危机，当穆里尼奥要求对球队补强的时候，老板并不完全认可他的要求。同时，穆里尼奥和时任技术总监，丹麦人阿内森的关系也很紧张。阿内森向阿布告状，说穆里尼奥不给年轻队员机会，这起到了火上浇油的作用。本来嘛，老板买的球员你看不上，本土青训队员你也看不上，难道只有你一言堂才可以？双方的信任危机影响了企业经营，球队成绩下降，为穆里尼奥的黯然下课埋下了种子。多年以后，我们重新审视当年的剧情，竟然没有任何人是错的。阿布和穆里尼奥在合作之初建立了卓越型信任关系，大家目标一致，预期回报也一致。阿布斥巨资收购切尔西，并在后续球队建设中继续投入。穆里尼奥能够迅速带队夺冠和老板大手笔购入多名实力球员息息相关。卡瓦略、费雷拉、罗本、达夫、德罗巴、切赫等中坚力量都是应穆里尼奥要求引进的，几乎占据"穆一期"半数以上的主力队员，这种力度的支持在整个英超中是绝无仅有的，双方可谓力出一孔。夺冠之后，为了进一步巩固优势，切尔西引进的舍甫琴科、巴拉克更非等闲之辈。舍甫琴科号称"乌克兰核弹头"，拿过意甲冠军、欧冠金靴；巴拉克是日耳曼铁骑的中场核心，能攻善守。这两人在任何球队中都是神一样的存在，偏偏穆里尼奥对这两人不"感冒"，原因非常吊诡。

穆里尼奥渴望百尺竿头，更进一步，三夺英超冠军，名垂青史，自然希望球队完全按照自己的设想改造。老板阿布觉得，我给你的舍甫琴科、巴拉克也是顶级球员，没有哪支球队有无限的资源，在有限条件下实现目标是各支球队及企业运营的常态。而穆里尼奥居功自傲，心想："你不给我想要的资源，我也不用你给的资源。"这其中既有球员和战术不匹配的原因，也有穆里尼奥赌气逼宫的成分，他并没有给舍甫琴科足够的上场时间。这种把老板的资源打入冷宫的行为直接摧毁了双方的信任关系。事态后来的发展也从侧面说明二者既没有赢家，也没有对错。后来接手的主教练，无论是格兰特、迪马特奥、安切洛蒂，他们都在现有人员的基础上取得了英超冠军和欧冠冠军，巴拉克也成为球队的核心主力，球队成绩并不比穆里尼奥执教时差。同时，舍甫琴科的确没有再次展现出"核弹头"的强大实力，在几任主帅麾下都没有闪光的表现，这证明穆里尼奥对舍甫琴科的判断并非出于私心。不过，一切都无可挽回了，车子向左，穆帅向右。

第二个"穆三年"，2013年6月3日，穆里尼奥时隔六年重返斯坦福桥球场，第二次被任命为切尔西一线队主教练，双方签约至2017年。那时的切尔西已经连续三个赛季未能成为英超冠军，随着穆里尼奥的回归，以及多名强援的加盟，切尔西在2014—2015赛季提前三轮夺回英超冠军。

执教进入第三年，穆里尼奥又与球队发生了矛盾。而这一阶段，与穆里尼奥产生嫌隙的是核心骨干球员。阿扎尔和迭戈·科斯塔是进攻线的核心主力，在夺冠赛季与穆里尼奥同呼吸、共命运，两人包揽了切尔西60%以上的助攻和进球。在新的赛季，两人各自面临新的合约及身体伤病的困扰，而穆里尼奥依然要求两人在上赛季的基础上继续保持甚至有更高水平的发挥。这就相当于首席执行官要求自己的销售副总，在上一个财年完成一个极高的目标后，下一个财年保持更高的增速。这种要求本身无可厚非，而主力员工的表现有些波动也属正常，需要各种配套资源。而双方并没有相互理解，结果相互猜疑，彼此都认为对方有所保留。首席执行官与核心骨干的互信产生问题，直接波及全队，全队处于一种犹疑甚至系统性怠工的状态，穆里尼奥再次迎来下课。

纵观两个"穆三年"，都是因为穆帅和核心团队发生信任危机，导致战斗力下滑，进而团队分崩离析。双方失和不是由于某一方消极和松懈，而是大家对于卓越目标的追求产生了分歧，进而摧毁了卓越型信任关系。

在第一个"穆三年"，穆里尼奥的作风，更像创始人、首席执行官的强人政治作风，俱乐部就像初创企业，都是急需快速出成绩的组织。在这种情况下，成绩优先。所有个人的利益，都必须向球队整体利益妥协。这时候大家的目标是一致的，所有人为了成绩，都可以接受穆里尼奥的苛刻要求和严格管理。大家是步调一致的同盟者，就如一支军队处于战时状态一样。所以，他带的球队能够快速地出成绩，两连冠很好地说明了这一点。到了第三年，老板阿布，也就是实际控制人，有了更丰富的追求，毕竟成绩已经拿到了，需要在成绩的基础上追求更多。而对穆里尼奥而言，成绩依然是最好的装饰品。他已经事实上降格为职业经理人，但浑然不觉。他的卓越和老板的卓越已不是同一个概念，一个要求攀登更高的山峰，一个希望在攀登的过程中欣赏美景，两者产生矛盾也就不足为奇了。在第二个"穆三年"，虽然切尔西三年无冠，但老板阿布毕竟是品尝过冠军滋味的，这种无冠的压力更多在球员身上。当穆帅率队重新夺冠之后，球员们绷紧的神经一下子松懈了。对穆里尼奥而言，肯定不会满足于阶段性的成绩，他对荣誉的渴求永无止境。而这一代的球员和上一代的不同，他们对卓越的理解是基于自我的充分释放和发挥的。在拿冠军前，穆帅批评球员回防不积极，球员认为这是主帅指出自己的缺点，需要改正，满足主帅的要求。当拿了冠军以后，主帅再批评球员回防不积极，球员就认为，这是在骂自己懒，认为主帅应该改变战术，满足自己的踢球习惯。同时，在球员的伤病及状态调整上，穆里尼奥过于刚猛，导致核心球员认为组织的最高管理者无视员工的个人利益，一味要求其为组织付出。作为功勋个体、组织的核心骨干，在重大个人关切被无视甚至践踏的情况下，个体对管理者和整个组织失去信任、失去好感就不难想象了。阿扎尔作为夺冠功臣，都有如此待遇，组织内的其他成员难免不产生联想，内部必然产生激烈的矛盾。而那时的老板早已厌倦了剑拔弩张，他渴望好看的战术、耀眼的巨星、其乐融融的氛围。所以，他对穆里尼奥的支持和第一个"穆三年"有云泥之别。

在目标明确的情况下，团队力出一孔，当取得阶段性重大成绩以后，内部目标就会分化。目标不一致，团队间的信任就开始松动，原本可以接受的批评和要求，可能会被视为挑衅，针对球员转会和后勤人员（包括队医）的不同意见可能被视为独断专行，资方和管理者及核心骨干成员之间产生嫌隙，这种相互博弈导致彼此失去了信任。在一个竞技高峰之后，资方面临对长期发展的重新定位，球员面临状态调整，这是正常的反应。人是生物，不是机器，不可能永远一个节奏，组织也需要有所为，有所不为。穆里尼奥天生好勇斗狠，永远希望高歌猛进，也着实令人钦佩，就像一个企业家希望永远保持高速增长一样。无论是阿布、阿扎尔，还是穆里尼奥，他们都是各自领域的顶尖个体。阿布因为长期发展问题，阿扎尔因为伤病，在特定时段与穆里尼奥的选择不一致，但都是为事业长期考虑的理性选择。相互间的不信任都是在追求卓越途中的不同频造成的。

造成这种矛盾的重要原因是穆里尼奥对于信任关系的处理经常失衡。在追求卓越的过程中，穆帅需要建立那种依赖甚至迷恋型信任关系。他在第一次入主切尔西时说过的一段话隐隐表达了这种态度："你们都老大不小了，现在踢得什么都不是，我和你们不一样，我是功勋卓著的教练，跟着我，我带你们拿冠军……"据说，这是穆里尼奥在更衣室面对特里、兰帕德、德罗巴一干人等的训话。事实上，长久的信任关系应该是彼此视对方为完整的人，基于对方的完整诉求，再围绕共同的目标和经历，建立发展更加个人化的关系，体恤对方完整的关切，而不是仅把对方视作自己前进道路上的一块拼图。彼此都要看到对方的全貌，让"附属"关系的成分最小化。只有真诚合作、共同的责任及你愿意帮助他们取得成功之心才是构建长期信任的基础。

2. 信任的卓越之鞭

案例15 ▶ ▶ ▶ ▶

商情不伤情

二十几年前，北京中关村一带活跃着数千家经营电脑配件的小企业。民营广告企业L公司，早期创业时期，团队骨干成员主要来自周边高校一些"不务正业"的学生，甚至很多无法毕业的学生投身于这家公司。中关村的IT软件、硬件有上万种，那个年代的纸媒体还没有这么大的覆盖面。而这家广告公司发行的杂志，集合了多种软件、硬件产品的报价、图片、配置、描述等，每天更新。地推人员穿梭于各大中小企业，获取第一手信息，并推广业务。他们走街串巷，十分辛苦。这批创始员工大部分是成绩不佳甚至无法顺利毕业的学生，而平台给了大家一个靠努力创造价值的机会，大家都很拼。早上9点钟，当别的公司员工泡上一杯清茶，坐在办公桌前开始一天的工作的时候，这家公司的销售员早就背着书包上路了。因为一天的报价行情必须最早获知，往往都是在客户开门之前，销售员就已经在现场等候。为什么背书包，因为书包里装的是砖头一样重的多本杂志样品，还有面包和水。他们有的坐上公交车，有的坐着"摩的"，像一群蝗虫一样飞往各个角落。他们一开始的营销策略就是农村包围城市，他们一家一家地拜访客户，推销广告产品，一次次地被拒绝，一次次地被看门的大狗给赶出来。他们有时候也会默默地流泪，但很快擦干眼泪，继续前往下一个客户那里。就这样，经历了艰苦的奋斗，近十年时间，这家公司几乎垄断了家用IT产品的广告市场。他们的商情杂志一周两期，每期600多页，广告收益数亿元，而最早参与创业的员工都有了不错的收益。

2004年，互联网开始席卷市场，纸媒体日薄西山，纸媒体广告更加岌岌可危。为了使企业能够实现互联网转型，创始人引进了一个互联网运营团队。这个团队来自某门户网站，工作作风和原纸媒体团队截然不同。由于在业务内容上有很多重叠，导致两个团队经常发生"踩脚"事件，最主要的问题是互联网团队经常会去争取传统纸媒体的客户，而价格远低于纸媒体团队，经常引发一些客户的不满。随着"踩脚"事件的增多，客户投诉也越来越多。创始人发现问题后，组织双方开了一次恳谈会。

那是在 2004 年的国庆节，我有幸作为旁观者，全程参与了会议。

第一天，双方各自阐述对业务发展的规划。

纸媒体团队先发言。他们认为，公司发展到今天，主要是依靠过硬的作风和极致的价值观来驱动，虽然互联网化的趋势不可逆转，但团队的魂不能丢，成就客户的宗旨应该继续坚持。"踩脚"问题主要是因为互联网团队无法理解老客户的真正需求，而又不认可纸媒体团队之前所做的工作，导致伤害了公司和客户的利益。纸媒体团队作为公司基础团队，必须捍卫公司的基本利益，因此提出市场工作还是应该由纸媒体团队主打，而互联网团队需要从属于纸媒体团队，直到互联网团队市场份额远超纸媒体的时候，方可独立作战。

互联网团队随后发言。他们认为，公司发展到今天，面临产业变革的挑战，互联网是必须拥抱的方向。为了使公司跨越鸿沟，业务主体必须是互联网团队。互联网团队尊重纸媒体团队留给公司的价值观和战斗文化，但互联网时代更推崇轻量灵活的自组织。免费吸引流量，是同行的做法，互联网的财务模型和原来有很大的差别，不能用制造业时代的财务模型来管理互联网业务，这样会限制业务发展，对公司的未来是最大的伤害。

经过两天的讨论，大家达成了几个共识。

第一，两个团队都是为了公司更好地发展，所有摩擦，皆因各自对未来的理解不同，没有本质矛盾。

第二，纸媒体的价值观和卓著的功勋是企业品牌力量的源泉，需要予以坚守和发扬，但纸媒体业务萎缩是产业发展的必然。

第三，互联网业务是发展方向，公司应该加大力度投入，不能因为短期的财务问题而退缩。

基于以上结论，创始人做出了如下部署。

纸媒体团队按照业务属性划分进入互联网团队，所有业务由互联网团队负责。原纸媒体团队主要负责人担任相关部门副职，主要负责运营和人员绩效管理，面向客户的一号位由互联网团队全权负责。由原纸媒体团队主要骨干成立客户服务团队，负责业务售后及客户满意度保障工作。通过这样的变革，该公司实现了传统业务向互联网领域的平稳过渡，重塑了团队的信任体系，把信任的卓越之鞭变成了鞭策团队前进的正向能量。

创始人高超的领导艺术，挽救了一家濒临危机的企业。在双方的冲突尚未到达临界点时及时出手，而且解决问题的方式不是简单的外科手术，而是鸡尾酒疗法。"手术"方法通常只是将冲突双方隔开，以降低冲突产生的机会。例如，让他们做不同的事情，与不同的人会面等。"手术"方法可以使局面重组，防止伤害的产生，但无益于消除双方的敌意。首先，这些策略更多的是抑制冲突，而非解决冲突，冲突仍然存在，随时会爆发。其次，此时此刻的冲突并不是真正的冲突，或许只是冰山一角。

创始人在解决问题的同时，重新集结团队，让成员们看清彼此，在共同愿景中建立信任。这是基于深思熟虑的共识，而不是小集团思维。这会强化共同愿景，进一步培养大家的共识，使原本矛盾重重的团队建立卓越型信任关系。

二、交易型信任

交易型信任是绝大多数企业（尤其是在相对稳定阶段的企业）一种比较常见的信任模式。这种模式相对简单，基本上是一种买卖关系，基于大家公认的对价体系的契约关系。这种信任更关注能力，对品德、价值观涉及较少。比如，很多成熟企业面临的短板和急需补强的方面是确定的，就是找补丁。只要企业信任补丁能够堵住漏洞，而补丁相信能够获得相应的回报，这种交易型的信任关系就基本建立了。这种关系中的互动是高度例行公事的交换，双方的期待也与之匹配，个人投入度很低。你要什么，我给你什么，两不相欠。这种关系是如此机械化，以至于只有当它遭到破坏时，我们才会注意到它。

1. 曼联的"职业经理人"

如果说穆里尼奥在切尔西的两个任期相当于合伙人之间理念不合产生分歧，那么他的曼联之旅纯粹是职业经理人和老板之间的矛盾了。双方在合作之初就没有把关系摆正，再说得直白点儿就是穆帅想太多了。

曼联的老板格雷泽家族是生意人，收购曼联本来就是一种金融套利行为。曼联总经理艾德·伍德沃德俗称"三德子"，唯老板马首是瞻。此人之前是投资银行的金融专家，是格雷泽家族用杠杆收购曼联股份的操盘手，在成功收购曼联之后，成为曼联的总经理。从基因上说，伍德沃德对足球一窍不通，玩金融杠杆才是他的专业，因此曼联的竞技成绩永远从属于商业目的。他们对于主教练的信任相当于信任伙计、信任长工。伙计、长工是吃专业饭的，对自己的专业成绩负责。双方在试探阶段各自调整自己的定位，磨合一段时间之后发现本质的矛盾无法调和。穆里尼奥想出成绩，想按照自己的要求打造阵容，但在曼联不行。有些人不符合他的要求也绝不能动。伤愈复出后的卢克肖状态不好，但伍德沃德需要保值、增值，所以穆里尼奥不能买新人，只能把老头阿什利·杨用到报废。马夏尔回防不积极，不符合穆里尼奥的要求，他想要佩里西奇，俱乐部根本不愿意。后来曼联高价买下桑切斯，套用伍德沃德的话，桑切斯的加盟引起的轰动超过内马尔转会巴黎圣日耳曼队（以下简称"大巴黎"）。桑切斯球衣销量在世界上领先，而无人认识佩里西奇。正因为曼联存在各种违背竞技规律的规则存在，所以被称为重建大师的穆里尼奥也无能为力。即使如此，穆里尼奥依然在第一年取得了联盟杯、社区盾杯、欧联杯，俗称"小三冠"，第二年取得了联赛第二名的成绩。穆里尼奥调侃这个联赛第二是他近期的杰出成绩。在实际控制人和管理团队的根本目的不一致的情况下，能够取得联赛第二名的成绩也的确难为穆里尼奥了。在这段关系中，穆里尼奥希望获得卓越型信任，甚至把自己定位为"弗格森二世"，目的是重塑曼联王朝。而格雷泽家族和伍德沃德要的只是以最小的代价拿几个冠军撑门面，至于主教练，只是个工具而已，双方在战略目标上严重失焦。穆里尼奥以连续夺冠为自己的最高诉求，甚至唯一诉求。伍德沃德和格雷泽家族的第一目标是资产最大化增值，第二目标是夺冠，第三目标可能是青训球员的成长（这一点也属于优化团队成本结构，基本上从属于第一目标）。基于这种交易型信任的基础很难维持长久，双方爆发矛盾只是时间问题。

信任关系的构建是复杂的，因时而变，因地而变。从切尔西到曼联，穆里尼奥对卓越的追求超越一切，直到超越球员愿意付出的代价。所以，有很多球员与穆帅产生嫌隙，也有很多球员为穆帅勇往直前。切尔西老板阿布是一个典型的企业家，他并非不追求卓越，只是他对卓越的理解不局限于竞技层面，与穆里尼奥不一致。二人分手，但依然惺惺相惜。而曼联对信任的购买完全是另外一回事，伍德沃德做惯了职业经理人，希望用资本去购买那些有专业洁癖的顶尖选手。他不知道顶级信任是无法用金钱购买的，卓越型信任的基石是胜利和对目标的期望，其他都是"泥巴"。

2."创业经理人"养成

交易型信任广泛存在于现代组织之中。员工彼此之间情感不深，交往主要依据给予利益和回报的因果关系进行，个体非常关注其给予的利益的多少与给予的对象，以更好地衡量这种给予和回报之间的平衡。在交易型信任中，个体在获得他人的利益之后，必须及时以相等的利益回报，这种给予与回报不仅在量上要求相等，在时间上也要求一致。只有如此，才能保证这种关系顺利维持下去。而在卓越型信任中，个体必须更加关注共同目标的达成，不必因为接受他人给予的利益而进行回报，却因他人有所需要而给予帮助。这种给予与回报不仅在量上不具有可比性，在时间上也呈现出一种无序性。

当然，这两种类型的信任并非相互孤立、毫无关联的。在一定程度上，两者之间存在一种递进式增长的关系，即交易型信任可以转化为卓越型信任。

个体在刚开始交往之时，可能依托一些比较表面、肤浅的因素，形成交易型信任。随着互动频率的增加，彼此之间更加了解，从而形成了对未来目标的共识。在这个过程中，交易型信任可以说是充当了一个过渡性的角色。随着个体之间共识的逐渐发展，可能出现一些情感的互动，双方可能开始关注彼此职业性角色之外的表现，这就为认知共识的形成奠定了一定的基础。卓越型信任与交易型信任是两种截然不同的范式，二者的关系并非一种是另一种的高级形式。但是，由于彼此之间联系的存在，两种类型的信任在一定前提下可能出现转化。

案例16 ▶▶▶

自己的舞台自己打造

M公司在创立之初聚焦于医疗、健康、养生领域，创始人刘胜和团队来自著名的医疗科研机构，对于运动康复有多年的研究和实践经验。公司承接了很多专业运动队的康复业务，积累了很好的声誉和人气，逐步在运动圈声名鹊起。大量的跑步爱好者选择了他们的服务，为最大限度地扩大服务范围，M公司开发了一批可穿戴设备。在这一过程中，刘胜发现数据采集和数据仓库构建是核心问题，希望寻找一个能够胜任并且长期合作的合伙人。

通过猎头见了多个候选人之后，刘胜找到我，开始吐槽。他表示，找人真困难。有的候选人可以胜任，但狮子大开口，对薪酬待遇要求很高，对股份激励缺乏兴趣，不具备共同创业的基础。有的候选人很有亲和力，也有意愿共同奋斗，但实战能力差一些。有的候选人对公司抱有疑虑，下不了决心。还有的候选人最可惜，具备来之即战的能力，也有共同创业的意愿，但认知格局不够，发展潜力有限。刘胜甚至抱怨，如果他自己是信息技术产业出身就好了，可惜是医疗产业出身，对这些专业问题无法解决。我调侃他，如果他是信息技术产业出身，现在就要发愁寻找医疗合伙人了。

　　根据这些情况，我为他做了个分析。刘胜非常希望寻找一个志同道合、彼此信任的合伙人长期合作，形成卓越型信任关系。站在他的角度，这种想法无可厚非。但是，在组织内部交往中，团队成员之间形成卓越型信任关系是比较困难的，它需要一些更加深入的条件，主要有两方面：一方面，在个体职业角色之外的利他行为，也就是那些非个体职业角色必须履行的、不是出于个体利益但对整个组织的长期目标带来益处的个体自发行为。这种利他行为在很大程度上会成为团队间卓越型信任的基础。而这种利他行为出现的前提是彼此间的信任非常充分。在具体的日常工作中，评估一个员工在工作上的可信任性，其前一段时间的工作表现和完成任务的水平是一个很重要的衡量尺度。反过来一样，组织如果希望获得员工的信任，也需要用可靠、稳定的表现回报员工。朗费罗说过，"我们在评价自己的时候，根据的是我们感觉自己有能力做什么。而当别人评价我们的时候，是看我们已经做过了什么"。在双方充分了解之前，基本的交易型信任尚未建立，这时急于建立卓越型信任，难度是相当大的。

　　寻找合伙人，除非你找到一些和你文化、经历高度近似的候选人，基于共同的价值观和认知，产生卓越型信任的概率会大一些。否则，找不到合适的候选人也不奇怪了。我建议刘胜先寻找职业经理人，把当前的工作解决了，通过建立交易型信任逐步发现并培养合伙人。大约一年以后，刘胜很高兴地告诉我，一个外包团队被他连锅端了，那个团队的负责人成为他志同道合的合伙人。

第二节
知行合一的信任矩阵

我们暂时离开让人热血沸腾的足球场，站在后海的冰面上吹吹风，冷静地看看"信任"到底是如何产生的。

矩阵定义

菲利普·波若米利与美国明尼苏达大学的同事一起创建了"信任矩阵"的概念，信任矩阵由信任的构成要素和信任的维度两个方面构成。信任的构成要素包括认知、情感和行为三个方面。而信任的维度则表现在保持承诺、诚实地谈判和避免过分利用别人。我们可以用知行合一来描述信任矩阵，其中认知、情感、行为三大基础要素属于知的范畴，而保持承诺、诚实地谈判和避免过分利用别人属于行的范畴。

1. 信任矩阵的"知"

无论是穆里尼奥还是瓜迪奥拉，他们每次入主新的球队都喜欢招入一些老臣子，一方面出于技战术实施的考虑，另一方面基于过往的情感基础和认知基础。

第一是认知基础。信任的产生是有其认知基础的，也即人们对他人或组织进行认知判断，将他人分为值得信任的、不信任的及不知道的三类，从而做出是否相信对方的决定。这种认知判断的过程就构成信任的认知基础。人们总是会基于一些很合理的原因，认为对方是值得信任的，并最终选择信任对方。那么，这些合理的原因包括哪些方面呢？与对方的熟悉程度毫无疑问是一个主要的组成部分。当个人与他人的交往更加频繁与深入，开始熟悉他人时，就会对他人更加了解，就有了充分的认知基础，来支持对他人是否值得信任做出认知判断，从而最终决定是否相信他人。

心理学家齐美尔也持有相似的观点。他认为，在人和人之间的交往中，个人对于对方的信任的认知基础是介于完全的了解与完全的无知之间的。一方面，如果人们完全了解他人，对他人可能的行动完全清楚，那么信任就没有任何必要去发展与维系了，因为没有需要信任发挥作用的余地。另一方面，如果个人对他人完全不了解，对他人的认知程度为零，那么个人也没有任何理由去对对方产生信任了，因为当面对完全不了解的人或组织时，他做出的行为只能被称为赌博，而非信任。但这并不是说，个人对他人越了解，就越信任他人。对他人基本情况的了解的增加是无法产生认知层次上的信任的，只能充当引导信任产生的桥梁。

只有当人们不再执着于追寻更深入的信息和证据来确认他人是否值得信任的时候，认知层次上的信任才真正产生。引用卢曼的观点，就是"当人们开始信任他人的信任时，信任的认知基础才开始真正形成"。这种"信任他人的信任"从本源而言，就是一种对他人认知程度的飞跃，是在对他人深入了解的基础上产生的。每个人都可以做到这种认知程度的飞跃，不仅因为每个人独有的心理构成，而且因为每个人都认为他人也能做到这种飞跃。也就是说，人们信任他人，不仅因为对他人非常了解，更是因为假定他人也在信任自己。

因此，信任的认知基础是一种集体性的认知事实，已经超越了个人的心理实在，直接来源于人际关系。所以，在各种类型的信任中，产生认知飞跃的经验与理性平台可能有所不同，但基本的认知态度，即"对于信任的信任"，却是普遍存在的。

第二是情感基础。信任产生的基础并非仅仅是认知基础，还有情感基础。这种信任的情感成分并非像人们之前认识的那样，仅仅存在于友谊与爱情等交往密切的人际关系之中，而是普遍存在于所有的社会关系之中。这种情感基础使所有社会关系的参与者之间产生了一种情感的联系，并维系着彼此的社会关系。

具体看来，这种情感的组成部分在他人对个人乃至组织的背叛行为产生的种种消极影响中表现得尤为明显。在个人交往中，当他人做出背叛行为时，个人会出现一些消极的情绪，如愤怒、失望等。当听闻一些商家出售假冒伪劣产品时，人们也会产生一些负面的情绪，这不仅因为这些非法行为本身，而且因为个人对于自己给予专业人员的信任遭到背叛产生的情感上的反应。因此，人们可以发现，不管在何种类型的信任关系中，情感的基础始终是存在的，只不过在个人私密交往中表现得更为明显而已。同时，信任的认知基础与情感基础并非互不相关，而是互为条件、相互补充的。当人们了解到信任被破坏将会造成关系的所有参与者，甚至破坏信任的个人受到巨大的情感打击时，信任的情感成分就开始成为认知飞跃平台形成与完善的推动力量，所以情感与认知是相互助益的。

2. 信任矩阵的"行"

行为表现是信任产生的基础。历史学家史蒂芬·卡特说过："文明包含两个部分：慷慨，即使慷慨的成本高昂；信任，即使信任存在风险。"最大限度地获得信任红利，需要掌握两种行为能力——信任倾向和分析能力。

信任倾向是出自于心的，是一种相信人们值得信任、愿意自由地给予人们信任的意向或偏好。你有多大程度的这种倾向取决于内在的性格，或者在生活经历中曾经得到过（或者没得到）重要的信任，或者你自己给予他人信任的经历（好的或坏的结果）。一般来说，这三个因素都会影响你的倾向。分析能力基本上是出自于脑的，是一种通过对事情的含义和可能性进行研究、评价、推理、推断，做出合理决策的能力。一个人分析能力的强弱同样取决于一些综合因素，包括天赋和能力、教育背景和思维方式、处事方法和生活经历等。

2013年6月，安切洛蒂担任皇马主帅。那时的皇马矛盾重重，在前任主帅穆里尼奥的高压统治下，球队的打法趋于僵化，队员之间关系紧张。西班牙队门将卡西利亚斯由于被穆里尼奥打入冷宫而与其公开交恶，主力后卫阿韦罗亚由于力挺穆帅，与卡西利亚斯势同水火，整支球队几乎分裂。

在执教皇马的首个赛季，安切洛蒂选择信任球员及前任主帅的打法，在延续快速反击战术的基础上给予球员充分的自由，极大地缓解了几名大牌球员（比如C罗、拉莫斯等功勋球员）的压力，使球队重新回到正轨。同时，安切洛蒂并非盲目信任每名球员，经过仔细分析，他依然延续前任主帅的决定，把卡西利亚斯放在替补席。安切洛蒂充分信任队员，同时分析利弊，再做出明智的行动，他不仅率领皇马取得阔别12年之久的欧冠奖杯，也在国王杯赛场上击败了死敌巴萨。

第二个赛季，安切洛蒂继续信任中前场球员，C罗、本泽马等人都达到了新的运动巅峰。同时，他继续任用迭戈·洛佩斯为主力门将，而不是卡西利亚斯。对于与卡西利亚斯交恶的西班牙主力后卫阿韦罗亚，他也没有盲目信任，而是根据其特点恰当使用。2014年，安切洛蒂率队赢得欧洲超级杯及世俱杯的冠军，皇马历史上第一次在自然年赢得四项冠军，同时创下22连胜的战绩。安切洛蒂做出最好的判断，激发了皇马群星的战斗力。

从某种程度上而言，信任最重要的实践意义在于其引发的行为将带来怎样的社会后果。信任的行为基础是个人相信所有行动的参与者都会依据相关的规定行事，并期待其正常地履行应尽的职责和义务。信任意味着人们将一些不确定因素当作确定因素来对待。安切洛蒂初到皇马，立即展现出对全队的信任，"放任"中前场队员发挥，不预设立场，同时做出了取舍，继续冷处理卡西利亚斯。这给全队一个清晰的信号，就是我发自内心地信任每个人，我的决策是基于中性的战术逻辑，而非固有的情感逻辑。

信任的这种行为表现与之前提到的信任的认知、情感基础也息息相关。如果个人发现对方的行为表现出对方是信任自己的，那么对对方的认知程度就会加深，这有助于信任认知平台的形成与发展。同时，这种暗含信任的行为也有助于建立与加深信任的情感因素。那些做出表达信任行为的个人就会得到更多的积极情绪的回应，反之亦然。当个人发现他人背叛自己或者表现出不值得信任时，自然就不会再相信对方，会随之产生一些消极、负面

的情绪，信任的认知与情感基础就会遭到相应的破坏，信任也就
无法形成和维持了。安切洛蒂没有背叛任何一个人，甚至被打入
冷宫的卡西利亚斯也无话可说，全队处于一种前所未有的信任矩
阵之中，取得佳绩自然是水到渠成的事情。

第三节
所有管理问题都是信任问题

穆里尼奥知道如何对待一名球员，安切洛蒂知道如何对待一个人。

——伊布

不知不觉间，安切洛蒂的皇马又回到排名第一的位置了，安切洛蒂在意甲、德甲、英超、法国足球甲级联赛（以下简称"法甲"）都获得了联赛的冠军，如果再征服西甲，他将成为历史上第一个手握五大联赛冠军的主教练。即使这样近乎封神的成绩，安切洛蒂依然沉默、寂静甚至有些腼腆。没有人能够否定安切洛蒂至今仍是足球界最优秀的主帅之一，而安切洛蒂能够成功，最大的优势在于他可以将众星云集的球队捏合好，让全队团结一致，避免更衣室里山头林立，让球队陷入无休止的内耗之中。在战术上，安切洛蒂可以在球队阵容基本不变的情况下，给球队带来新的变化。安切洛蒂能够在俱乐部主席的"干政"与自己的战术要求、队中大牌球员的要求与自己的战术选择之间取得平衡，在场上实现自己的战术意图，在场下让各方满意。

他没有卡佩罗和弗格森的铁腕，却是一位一流的管理大师，有他在的球队更衣室少有不和谐的场面。相比技战术水平和临场指挥能力，安切洛蒂团结球队的能力才是胜出的关键。相比过分强调战术纪律的大部分名帅，安切洛蒂有战术思路，也尊重每个球星的个性，甚至可以给球星一定范围、一定程度的自由发挥空间。构筑将帅一心，彼此信任的共同体是安切洛蒂的强项，安切洛蒂多次临危受命、让球队发挥出应有的战斗力就是明证。对于球队来说，战术纪律很重要，球队的团结也十分重要。

管理就是处理好与上级、同级和下级的信任关系

我的方法来源于这样的理念：领导者并非要责骂、咆哮或者铁腕统治，恰恰相反，他们的力量应该含而不露。谁说了算，这点必须一目了然，但他们的权威应当来源于尊重、信任，而非畏惧。我相信我真正赢得了他人的尊重，部分是因为我在职业上的成功，为所在的俱乐部夺得了很多冠军，但也许更重要的，是因为我也尊重和我共事的人。那些人相信我在做正确的事，正如我对他们在组织中担当不同职责给予充分的信任。

——安切洛蒂

真正的合作不是融洽相处，是要考虑他人的目标与局限。

1. 与上级的信任关系——一起拼，一起赢

这不是私事，这只是生意。

——维托·柯里昂（《教父》）

和上级构建信任关系不仅是意大利人的课题，也是全世界面临的课题，与上级构建信任关系的关键方法可以用一句土味口号来概括，那就是"一起拼，一起赢"。

（1）赢

沃伦·巴菲特曾经提出公司经营管理的两条规则：第一条规则是，不要失败。第二条是，不要忘记第一条。一个人在组织结构中的位置越高，下一次晋升的竞争就越激烈，因为可供获得的位置寥寥无几，保住位置及继续胜利是上级的首要关切。如果他看起来失去控制或走向失败，你必须意识到他会舍车马保将帅。组织中位置高的人面临的首要挑战是持续不断的盈亏压力，他必须表现出对业务的全面掌控，持续不断地赢才是上级最核心的诉求。我们经常会看到有的人能力不大，但颇受上级信任和赏识，是领导的所谓心腹。其实，这样的人并不多，我的一段职业经历中就遇到过这样的场景。某跨国企业总裁身边的心腹每年都会更换，后来我才知道，这位总裁非常有原则，只要宣誓效忠于他的

人，他都给予一年的信任，一年之后取得成绩的加官晋爵，没有成绩的便会被弃之如敝屣。由此可见，取得上级信任最快、最有效的方法之一就是与对方站在同一条战线上，拥有同一种视野，为他去赢得胜利。

（2）一起赢

陈春花老师讲过一句话："你的绩效的70%是由你的领导的绩效决定的。"很多时候，我们以为自己做的事是属于自己的，上级只是监工，其实大错特错。我们做的事只是上级的部分工作，只有上级的整体项目成功了，你的成功才有用。他的项目败了，你在团队里能力再强也没用。反过来，他不上升，你的上升空间也有限。如果有一天他因为业绩差被调离，那么继任者要么来自其他部门，要么空降，要么重新招人，很少从业绩不好的部门里选。简而言之，上级发展得不好，下级大概率也没戏。

安切洛蒂在皇马"二进宫"，看似个人执教能力的体现，但事实上是皇马主席弗洛伦蒂诺的神来之笔。安切洛蒂第一次是接穆里尼奥的班，当时队内几名西班牙国脚严重分裂。安切洛蒂从善如流，善于协调各个大牌球员之间的关系，是他能够接班的重要原因。弗洛伦蒂诺需要在穆里尼奥之后找到一个温和的主帅抚平队内各个大牌球员的情绪，安切洛蒂便成了不二人选。果然，安切洛蒂迅速和大牌球员打成一片，很好地解决了更衣室问题，球队迅速恢复战斗力。同时，安切洛蒂把弗洛伦蒂诺亲手引进的加雷斯·贝尔用到了极致，贝尔在几场关键比赛中大放异彩，球队夺得了久违的欧洲冠军杯。这一华彩的乐章是由安切洛蒂演奏的，但他却时刻向观众席示意，真正的指挥是老板——弗洛伦蒂诺。

有了这样的默契，安切洛蒂和老板从相互信任变为相互体贴。2021年6月2日，皇马宣布安切洛蒂重回皇马，执教至2024年。此时皇马青黄不接，C罗离去，贝尔老矣，核心骨干球员老得老小得小，主帅齐达内又突然挂印而去。就在这个危急时刻，安切洛蒂降薪600万欧元，重回老东家，从表面上看给足了弗洛伦蒂诺面子。事实上，当时安切洛蒂正在执教埃弗顿队，年薪高达1200万欧元，但埃弗顿毕竟是英超二流球队，而安切洛蒂一直混迹于AC米兰、大巴黎、皇马、拜仁之类顶级球队，执教二流球队是权宜之计，这时皇马的召唤对他来说求之不得。

因此，带你的老板一起赢，让他们也成为故事的一员，这是赢得信任的又一个法门。

（3）说清楚怎么一起赢

亨利·明茨伯格在《管理者的传说与事实》一书中曾经提到，管理者都很重视从非正式渠道获取信息。为获取上级的信任与支持，尽量与其频繁地沟通是取得成功的关键，"管理"上级可能在其他领域收到的"噪声"。

在组织管理中，最困难的工作之一是组织信息管理。管理不好组织信息是组织失控的根本所在，因为一个组织所要传达的信息是一个隐性因素，同时，组织信息本身又是组织状态的描述。向上管理的一个构成方面就是信息流动，包含组织信息的正式传递、组织信息的过滤、组织信息的发布、组织信息的沟通方式、组织信息的形成与控制，等等。在所有的命题中，贯通的要素就是你和你的上司之间的信息流动。你们之间的信息交流是否顺畅非常重要，为此，一定不要借助第三者，更加不要对信息有所保留，否则会影响信息流动。

相互期盼，对于提升各自的能力和管理效果是最关键的因素。在与上司的配合中，非常重要的是要经常沟通彼此的期望，并通过不断地提升期望，来提升各自的能力。一旦形成这样的状态，双方都会发现对方是一个最好的参照物，不自觉地提升自己的期望，使各自逐步上升到一个新的高度。

2. 与同级支持团队的信任关系——相互成就

作为一名主教练，你必须与助教、球探、营养师、队医等支持团队紧密配合，这些人支持你的工作，却不是你的下属。正如我们在工作中一样，假如你是一名销售总监，那必须与技术支援团队配合，也必须与研发产品团队配合，甚至与售后服务团队、市场团队、财务团队配合。这些团队并不直接向你汇报工作，但他们的表现将决定你的表现，他们随时会在关键时刻代表不在场的你。确保他们了解你的计划，以及你希望的做事方式，是你事业成功的必要条件。你如果不能够很好地影响他们，让他们和你形成一个亲密无间的信任团队，那么你也无法达到你的目标，反之亦然。你没法像面对老板一样和他们相处，因为支持团队各自有不同的绩效考核目标。你也没有办法像监管下属一样去发号施令。影响这些团队和构建信任的方式只有一种，那就是通过相互成就去赢得长久的信任。

从本质上来说，和伙伴之间建立最大的信任的方式依然是相互成就，其他都是浮云。

穆里尼奥在执教生涯中树敌无数，但依然有大批拥趸，除了辉煌的战绩，能够与伙伴彼此成就也是重要的方面。

在自己的伙伴面前的穆帅是一位与众不同的"狂人"。穆里尼奥早就有着"足坛园丁"之称，虽称不上桃李满天下，但麾下已有许多助教自立门户，并取得了杰出的执教成绩。上海海港队（以下简称"上港"）前主帅博阿斯，在任期间并没有带队拿到中超冠军，不过这位曾有"小穆里尼奥"之称的主帅，给俱乐部留下了宝贵的财富：磨合完备，且攻守平衡的阵容，以及接任其位的佩雷拉。后者在2018年替博阿斯完成了当初的承诺，成功带领上港夺得火神杯。博阿斯与穆里尼奥之间的故事，还要从1995年说起。那时，前者是一名经常趁着业余时间制作分析报告的波尔图粉丝，后者只是球队翻译。机缘巧合之下，二人因同住一栋楼又都对足球极其狂热而相识、相知。随后，穆帅跟随罗布森爵士前往巴萨任职，博阿斯则在此期间完成了一些教练课程。由于这段特殊的缘分，当"狂人"从巴萨学成归来准备单干之时，叫来了年仅24岁且没有任何球员、执教履历的博阿斯，加入自己的教练团队，担任助教。二人宛如珠联璧合，先后在波尔图与切尔西取得了令人瞩目的成就，直到2009年"狂人二世"取得独立执教资格后，这对黄金搭档才分道扬镳。那时年仅33岁的博阿斯在波尔图可谓意气风发，在顶级联赛首秀，便以葡超不败的战绩拿下小三冠王——联赛冠军、欧联杯冠军与葡萄牙杯冠军，可谓用另一种方式复制了穆里尼奥当年的巨龙腾飞神话。得益于此，这位年少气盛的少帅收到了切尔西的邀约，阿布希望他能登陆英伦，带领蓝军重塑"狂人时代"的辉煌。

现任莱斯特城队（以下简称"莱斯特城"）主帅罗杰斯，回忆起首次和恩师穆里尼奥见面的场景时，依旧激动不已。那是2004年的夏天，刚刚出任蓝军主帅的穆里尼奥找到了当时还在教小孩子踢球的罗杰斯，希望他能成为自己入驻蓝桥的第一位雇员。这位恐怕连青训教练都算不上的"体育老师"，富有创新精神，对菱形"4-4-2"及"4-3-3"阵型的研究与理解在泰晤士谷附近小有名气，而穆帅恰恰需要一位能在各级梯队执行他的战术思想的少帅。此外，罗杰斯与魔力鸟一样，年轻时都是天赋不佳的平庸球员，无奈之下走上执教之路，二人或许因此产生了惺惺相惜之感。

罗杰斯说："我被他的人员管理技巧折服，若泽总能在令球员紧张和给球员支持之间，达到最完美的平衡。"对于缺少光辉球员履历的罗杰斯来说，穆帅掌控更衣室的艺术让其受益匪浅，少走了许多弯路。如今他之所以能重新激活瓦尔迪，让恩迪迪发生蜕变，甚至使莱斯特城全队斗志昂扬，和此前与魔力鸟共事的经历不无关系。除从恩师那里得到真才实学外，罗杰斯前往沃特福德执教正是来自穆里尼奥的引荐，俱乐部高层从"狂人"那里得到了对这位少帅的积极评价，事实证明北爱尔兰人确实没有辜负球队及穆里尼奥的信任。

从雷利亚到波尔图、伦敦、米兰、马德里与曼彻斯特，这是跟随穆里尼奥长达17年的忠实助教——法里亚，与"狂人"一起走过的执教旅途。2019年夏天，这位43岁的中生代教练终于踏出了重要一步——独立门户，单飞执教。对此，那时还在曼联执教的穆帅给爱徒送去了最真挚的祝福："17年过去了，这个孩子成为一个男人，这个聪明的孩子如今已是足球专家。"二人在巴塞罗那相识，2001年穆帅组建自己的执教团队时，将法里亚任命为体能教练和身体分析师，后来一同拿到了包括两座大耳朵杯在内的二十多个冠军奖杯。在这期间，法里亚曾替被禁赛的穆里尼奥担任过联络人，甚至单独指挥比赛；也在皇马时期作为"狂人"与银河战舰大牌球星之间的和事佬；更为恩师遭遇不公而出头抗议。正是经历这么多风风雨雨，这对师徒才会手足情深。与此同时，既然能接近20年作为冠军教头的御用体能教练，法里亚自然不是平凡之辈。执教卡塔尔杜海勒队的法里亚，带领球队以

8胜2平的不败战绩，连续两个月蝉联联赛月最佳主帅。积累经验之后，这位深受穆帅信任的爱徒，早晚有一天会在五大联赛中大放异彩。

穆里尼奥的弟子们，如今已经在欧洲足坛，尤其是英超，形成了一个不可忽视的团体。切尔西主帅兰帕德、"狼队"①教练努诺只是在穆帅麾下踢过球，算不上他的正牌门徒，但二人的执教风格或多或少显露出他的影子。此外，从博阿斯、罗杰斯到法里亚，"狂人"助教单飞后的成材率高得惊人，这也并不完全是巧合。魔力鸟自己就是从一位小翻译一步步走上名帅之路的，因此他对爱徒们向来是倾情相助的。即便对与其决裂的博阿斯，穆里尼奥依旧经常给予建议，使其尽量避免走弯路；而他对于罗杰斯与法里亚的帮助，就更不必多言。

3. 与下级的信任关系——系统信任

（1）管理者三要素

管理者和员工之间建立信任，是一个基于重复行为的循环过程。当管理者的行为值得信赖时，员工就更加信任他们，进而以更大的热情投入工作，并展现出组织公民行为。反过来，员工更加热情地投入工作，又会增进管理者对他们的信任。就这样，组

---

① 英格兰球队伍尔弗汉普顿流浪者队绰号"狼队"。

织内形成了一个信任的良性循环。这个循环的开端，在于管理者通过自身行为向员工传达信任。

这种良性循环需要注意以下三个方面。

① 管理者战术的可预见性

如果管理者做事始终如一，可以预见，前后不矛盾，并且总向员工解释各种决策和行动，就会在员工心中激发起更大的信任。反之，如果管理者做事冲动，经常朝令夕改，任意而为，就会失去员工的尊敬。员工可能仍会听从他们的命令，但由于不了解命令背后的道理，所以心里非常沮丧。

瓜迪奥拉的战术极其精妙，也极其复杂，他不厌其烦地给团队讲解战术。第一次季前训练，正在观看队内训练赛，他突然指着普约尔，接下来便是长篇大论。他告诉普约尔，如果自己在场会如何选择位置。"我们都知道怎么踢球，但很少有人知道教练想让我们踢哪种风格的足球。"达尼·阿尔维斯当时是这样说的。"一开始，他会在训练课上频繁叫停，纠正我们的错误，告诉我们他的想法是怎样的。"皮克回忆道，"我们对此心存感激，因为没多久我们就能互相协作，在场上展现出他想要的效果。"瓜迪奥拉在梅西身上特别费心，他花了大量时间来调教梅西的防守。他想向球队传递一条信息："我希望所有人都明白，成为一个团队，他们会更强大。"

　　瓜帅的球队从来没有体现出江湖义气般的信任，但从来不闹内讧，因为大家并不是团结在黑社会老大周围，而是瓜帅明确的、一以贯之的战术打法把大家凝聚在一起。

　　② 管理者合作的透明性

　　公开沟通是信任关系的另一个基本变量。不管真相多么令人不快，管理者也绝不能向员工隐瞒。如果管理者只是一味地回避问题，员工就可能自行其是，或者干脆跳槽。

　　安切洛蒂在很多时候和球员商量战术。在 AC 米兰，他和球队的成员进行了充分的沟通，让四名10号位球员[①]同时登场，打出了著名的"圣诞树"阵型。"我工作最重要的部分就是了解球员的性格——每个人的性格不同，我需要用不同的方式与他们交往。"安切洛蒂在接受埃弗顿TV采访时说，"我希望与球员建立透明、开放的关系，我不想成为一个高高在上或者低声下气的人，我希望和他们平等相处，这样处理起问题来才会顺利。"

　　因此，安切洛蒂的球队非但少有内讧的情况，其本人更以善于处理更衣室危机，能够接手烂摊子而著称。这从一个侧面也反映出，坦诚透明的合作方式是安帅能够与球员迅速建立信任关系的法宝之一。

---

① 　指中场核心球员。

③ 管理者对于团队的忠诚性

为了保持建立的信任，管理者必须对员工表现出忠诚。当员工的工作遭到外界质疑时，管理者应该站在他们一边，为他们辩护。即使最后证明员工有错，管理者也要支持他们。

穆里尼奥在这一点上不惜与世界为敌。2012年12月2日凌晨，2012—2013赛季西甲联赛第14轮上演马德里德比，皇马坐镇伯纳乌球场迎战马德里竞技队（以下简称"马竞"）。由于球队战绩太次，深陷危机的穆里尼奥在赛前表示，如果皇马球迷想要嘘他，他会提前40分钟进入球场，接受球迷的一切谩骂，在此之后他希望球迷继续支持球员们战斗。穆里尼奥言出必践，在赛前40分钟，准时出现在入场通道口，观众席上有嘘声，也有掌声，越来越多的球迷开始高呼穆里尼奥的名字。

相互信任的员工会自觉地出色完成任务，并且不会只做工作合同中规定的内容。组织内的信任氛围就是这样营造出来的，员工会因为身处这样的组织而感到自豪，并做出积极的行动。当听到有人批评自己的企业时，这种归属感会激励他们挺身而出，捍卫自己的企业。他们还会积极参与企业发起的各种社会责任活动。简而言之，相互信任的行为有助于确保企业这艘大船以适当的速度航行在正确的航线上。在任何文化中，承诺、正直、诚实和忠诚，对于培养信任关系都极为重要。所有这些价值观都可以转化为行动，推动信任的良性循环。

（2）把信任"嵌入"传统

"永远不要担心荷兰队，关键时刻他们会自己干掉自己。"据说这也是国际足坛的一个名言。纵观荷兰队的表现，什么样的理论都会失效。在足球史上，荷兰队是特殊的存在，一方面号称无冕之王，另一方面则是内讧不断的鼻祖。

1978年世界杯，克鲁伊夫拒绝代表国家队参赛，单核内斯肯斯带队依然夺得亚军。当然，如果克鲁伊夫参赛，按照"优良"传统，荷兰队也许进不了决赛。

1990年世界杯，三剑客古利特、范巴斯滕、里杰卡尔德在俱乐部横扫寰宇，到了世界杯赛场上交恶，逼走主教练，荷兰队最后以小组第三出线，遇到联邦德国队早早打道回府。

1994年后，古力特与主帅埃德沃卡特水火不容，最终"辫帅"退出国家队。

1996年欧锦赛，白人球员与苏里南球员分成两派，严重对立，戴维斯因辱骂希丁克被除名。

2004年欧锦赛，戴维斯与范博梅尔、范尼殴斗。

2008年欧锦赛，主帅范巴斯滕代表的"阿贾克斯派系"，与前锋范尼代表的"埃因霍温派系"之间矛盾重重，互不理睬。

2012年欧锦赛，亨特拉尔公开表达对自己只能出任替补的愤怒，库伊特也对担任替补表示失望；出于同样的原因，范德法特直接将矛头对准主教练范马尔维克。与此同时，得到重用的范博梅尔被认为表现欠佳，受到德容的质疑。

2010年世界杯，在罗本、施耐德的率领下，主教练终于把大家团结在一起，夺得了世界杯亚军。克鲁伊夫公开支持西班牙队，名宿在世界大赛上公开支持对手，仅此一家。

荷兰队长达数十年球员的内讧表现，充分说明荷兰队对信任有着完全不一样的理解，充分说明一个组织没有系统信任，换什么人都没用。

人际信任是建立在对日常世界的熟悉的基础上的，它被用来克服他人行动中的不可预测性。当社会关系更加复杂、高度分化，无可置疑的熟悉不再存在时，人际信任就显得不够用了。此时，信任必须被扩展，成为一种新的信任形式——系统信任。系统信任的信任对象与个人特质无关，与系统的运转机制有关。与人际信任相比，系统信任的抵抗力更强，它几乎不受个体不满的影响，也不像人际信任很容易被极小的欺骗所破坏。当然，系统信任比人际信任更难构建，难以控制。当执行的任务是复杂的、高度冒险的，因而需要所有团队成员紧密合作时，在工作环境中建立高度的系统性信任就是必要的选项。

与荷兰队事先张扬的系统性内讧相比，德国人的系统性信任就显得像羞答答的玫瑰在静悄悄地开。这朵"玫瑰"一共19次参加世界杯比赛，4次获得冠军，4次获得亚军，4次获得季军，1次获得殿军，战绩一点儿都不"羞答答"。世界顶级球队都有自己的标志：意大利的防守，西班牙的控球，巴西的桑巴，阿根廷的英雄主义……而德国队的标志就是团队精神。德国队像精确的机械，具有高度的纪律性、组织性和永不屈服的战斗精神，它积聚了秩序、严谨、认真、果断，以及钢铁般的精神意志。德国队的大赛成绩很稳健，但几乎没有任何一次大赛是靠个别领军人物的神奇发挥而取得的，1990年世界杯、2014年世界杯，德国队两次夺冠，而最佳射手和最佳球员竟然都不是德国人。德国队总是以最团结的整体而被世人瞩目，这是德国人的优良传统。英格兰著名球星，1986年世界杯最佳射手莱因克尔曾经说过"足球就是22个人在场上奔跑，最后德国人获胜的游戏"，我们也可以从这句话领略到系统型信任的张力。

退休的美国陆军上校维纳布尔在《破坏信任》一书中详细阐述了美国空军雷鸟特技飞行队如何被训练组成近距离阵型。其中，飞机相互之间的距离可能只有几尺。飞机飞得很近，这种工作具有高度的危险性，团队成员必须抛开个人杂念，"嵌入"系统中，彼此无条件地信任，愿意让自己或自己的团队进行冒险，坚定地相信，对于共同的任务、职责或使命，其他人也会坚持到底，这是系统造就的信任传统。

系统型信任不仅是情感问题，也是机制设计问题。诚如德国队精密机械般的一贯表现，个体嵌入整体之中，整体表现永远高于个体，永远追逐最高的目标，亦如雷鸟飞行队，使命清晰且具有高度的挑战性，团队信任深刻地嵌入系统，在长期实践中形成传统。

番外
红色融入，蓝色输出

> 我曾经努力将梅西培养为世界上最好的球员，但最终他让我成为最佳教练。
>
> ——瓜迪奥拉

我在创业阶段经常强调一句话：相信人品，相信能力。那时还没有《思考快与慢》这本书，现在想来，这种想法暗合丹尼尔·卡尼曼的理论。后来学习了卡老的作品后，我又感悟了另外一句话：红色融入，蓝色输出。前一句话是说给企业家听的，后一句话更多的是说给经理人听的。

企业家用人识人，重要的是要相信人，相信人会尽心尽力，相信人具有相应的能力解决问题。罗纳德·里根曾经说过："要信任，但也要核实。"这也是作为企业家的最优解，所谓用人不疑，疑人不用。不疑就是指不要怀疑经理人的人品和能力，放手让经理人去实践。当然，也要把好核实关，核实不是监视，相信"相信"的力量。

经理人要融入各种不同的文化环境中，融入之初最好还是感性一些，让自己的"系统一"多发挥作用。人都是有限理性的，在尚未建立深度信任的时候，感性互动比理性判断更重要。融入的过程就像红色的热情，要稍微奔放一点，但输出的时候就必须绝对理性，丁是丁，卯是卯，交付的价值不能有半点儿含糊。这个时候就要唤起蓝色的理性，主要依赖"系统二"的能力了。

阵容篇

第 11 名前锋

在理想的世界里，我希望选出 11 位既有天赋又有决心的球员。但是，现实并非如此，一种球员天资极佳，但是缺乏决心和对成功的渴望，另一种球员比较优秀，但是有着极强的决心和毅力，如果要从这两种球员中选择，那么我宁可选择后者。第一种球员也许会在短期内有不错的发挥，但他们缺乏足够的耐心，不能给球队带来稳定和凝聚力。

——弗格森

　　伟大的团队由什么样的人组成，弗爵爷已经给出了答案，他喜欢有天赋、有决心、有耐心、有凝聚力的四有青年。这种形而上的表达是权威人士习惯的方式，曼联的龙兴班底——"92班"和几个阶段的辉煌阵容历历在目，我们可以清楚地发现，二十几年基业长青的曼联球员远远不是弗爵爷嘴里的"四有青年"能够完全涵盖的。

第一节
幂律分布的一生一城

人的感觉容易在漫长的周期中钝化，某些人长期、稳定的表现也往往让人产生错觉，他们似乎没那么杰出。还好，美国印第安纳大学的赫尔曼·阿吉斯和欧内斯特·奥博伊尔的研究表明："企业基业长青并非由于大批平均水平的员工通过数量优势做出主要贡献，而是由少数精英员工通过强大的表现做出主要贡献。"

很多公司认为，员工的表现符合正态分布，大多数员工被列为平均水平，两端为表现差和表现优秀的员工。其实这是一个错误认识。两端并不像身高分布那样对称，因为失败的员工都被解雇了，最差的应聘者根本进不了公司。正态分布的优势比较方便，恰恰是管理惰性喜欢的，看起来模棱两可，能解释很多现象，实际却无法反映深层原因。我们知道很多现象并不符合正态分布，比如重大物理事件和经济事件，人们经济收入的巨大差异（穷人与最富有的1%人群之间的经济差距），以及少数个体异于常人的表现（迈克尔·乔丹相比同时代的其他篮球运动员）。2011年日本大地震（震级9.0级），比尔·盖茨的资产净值（超过700亿美元），从统计学上讲，这些现象更适合用"幂律分布"解释。所谓幂律分布，简单来说就是，"这种分布的共性是绝大多数事件的规模很小，而只有少数事件的规模相当大"。事实上，组织中大多数个人的表现符合幂律分布，多数组织都低估了最左侧的员工——基石型员工。

几乎所有成功的球队、成功的企业，总会有那么一些看似平凡的人。在漫长的时间长河中，他们的点滴贡献汇成江海，产生了巨大价值，城市和组织也因他们而伟大，这就是一生一城的人。无论是球队还是企业，一生一城的基石、栋梁弥足珍贵，虽然有各种光鲜亮丽的人才，但是回望历史，一生一城、久经考验的忠诚战士却寥若晨星。他们骨子里印有自己团队的DNA，加盟第一个团队后，便不离不弃，哪怕团队经历很多艰难困苦，他们依旧能让一人一城、一生一队的美好童话变成现实，他们是成就企业基业长青的股肱之力。

一、最长情的告白是相伴

1. 生姜头

弗格森的禁卫军是他的"92班"，曼联"92班"是指以吉格斯、斯科尔斯、贝克汉姆、内维尔兄弟、巴特等球员为代表的20世纪80年代末、90年代初的一批曼联青训球员。1992年，曼联青年队以优异的表现斩获青年足总杯赛的冠军，在当时的冠军班底里，最终有10名球员得到了为"红魔"一线队出战的机会，这其中包括贝克汉姆、吉格斯、巴特、斯科尔斯和内维尔兄弟。随后的10多年里，这些球员为"红魔"在20世纪90年代和21世纪初的成功立下了不朽的功勋。

曼联曾经有过辉煌的"92青年军"，那代青训球员后来都成为当之无愧的世界级球星，要说其中最没有名气的，莫过于斯科尔斯。后来没有在曼联效力的内维尔或者巴特都比斯科尔斯更有名气。这也导致英格兰队最初并没有注意到斯科尔斯，从而让这位世界顶级前腰错失足球生涯巅峰，其实这也有客观的原因，在那个足球发展的阶段，人们更多的目光集中在前锋或者中锋上面，对前腰关注度并不够。

斯科尔斯和其他球员很不一样，他更像一个异类，不注重所谓的名气，也不注重所谓的潮流，在球场上少言寡语，不会鼓舞士气，自然也不会挑起更衣室的冲突。在为曼联效力的16年中，斯科尔斯接受采访的次数寥寥无几。斯科尔斯曾经明确表示，自己不喜欢被媒体采访，也不喜欢享受聚光灯下的感觉。每次比赛结束，斯科尔斯立刻跳上大巴或者直接驾车离开。

斯科尔斯在曼联是一名攻击型前腰队员，他的进攻手段多种多样，不仅能够持球进攻，还可以送出落点极佳的传球，最令人拍手称道的是插上进攻的能力。斯科尔斯的跑位意识一流，阅读比赛更是拿手好戏。将皮球分给队友后，斯科尔斯总能神出鬼没地进入对方禁区，抢占最好位置，完成接应。这个特质让斯科尔斯成为曼联的进攻好手。

斯科尔斯小时候体弱多病，所以练就了一手传球本领。斯科尔斯的长传可以称得上英超历史最佳，他在传球方面的造诣已经达到了登峰造极的境界。他朴实无华，任劳任怨，堪称球场上的劳模；他视野开阔，传球精准，远射能力出色。哈维与伊涅斯塔认为他是英超历史上的最佳中场球员。

提起曼联的辉煌，绝大多数人首先会想到"万人迷"贝克汉姆。事实上，小贝在 2003 年就已经转会皇马。人们也会想起"国王"坎通纳，"国王"的任期也不过区区 4 年。再后来是 C 罗、鲁尼，他在曼联的时候，斯科尔斯总是他们身边那个沉默的支持者，沉默得似乎都不存在。

斯科尔斯效力"红魔"二十载，共代表曼联出场 718 次，贡献 155 粒进球，随队获得 11 次英超冠军、4 次足总杯冠军、3 次联赛杯冠军、5 次社区盾杯冠军、2 次欧冠冠军、1 次丰田杯冠军、1 次世俱杯冠军。低调内敛的"生姜头"堪称英格兰近二十年来最优秀的中场攻击手。2010—2011 赛季，斯科尔斯随曼联再次登顶英超联赛，在欧冠赛场也闯入决赛。他在该赛季出场不多，个人数据平平，饱受眼疾困扰，于是选择在赛季结束后挂靴。

退役后，斯科尔斯出任曼联教练，负责青训队和预备队训练。2011—2012赛季，曼联成绩不佳，中场球员实力大幅下滑，球员还屡遭伤病打击。为了拯救心爱的球队，这位老将在2012年初再度披挂上阵。2011—2012赛季，曼联以净胜球的劣势无缘英超冠军，弗格森爵士因此推迟了退休计划。斯科尔斯选择与"红魔"续约，与恩师携手再战一年。2012—2013赛季，在联赛中高歌猛进的曼联如愿折桂。老爵爷宣布赛季结束后退休，斯科尔斯追随恩师宣布了退役决定，结束了一年半的"救火"历程。只愿一生爱一城，一生只效力曼联的生姜头斯科尔斯，谱写了一曲忠诚赞歌。

2. 萨小将

亚平宁半岛也有一个和"生姜头"同时代的"小将"，由于长期稳定的发挥让人们忘记了他的年龄，他就是国际米兰的蓝黑之魂萨内蒂。萨内蒂不但有一张岁月磨不皱的英俊脸庞，还有一颗狂风也难以撼动的坚定之心。他择一城终老，在国际米兰19年如一日。当众星逃离球星黑洞时，他独自支撑。

生活中的萨内蒂是一个普通人，除家和训练场外，在米兰住了19年的他，甚至不知道火爆的酒吧和时尚商场在哪里。但到了球场上，萨内蒂却是超人，他可以胜任至少四个位置，职业生涯

22 年仅一次"染红"，同时极其自律，极少伤病。萨内蒂更像梅阿查球场的守望者，淡泊、忠贞。相比很多巨星，有一些经典比赛值得回味，萨内蒂似乎每一场比赛都同样出色，这正是他的可贵之处。萨内蒂独有的优雅和忠诚特质，感染了无数的年轻人。

1995 年 8 月，莫拉蒂入主国际米兰后，签下的第一位球员就是萨内蒂，确切地说是和兰伯特一起，而萨内蒂并不是耀眼的那一个。可很多人还记得，在莫拉蒂出售心爱的蓝黑帝国时，萨内蒂仍在梅阿查不知疲倦地奔跑。萨内蒂来到国际米兰的第一年，球队只拿到第 7 名，他当时接受采访时表示："我相信，如果我们带着谦逊的态度努力工作，最终会取得成功。"当有记者询问球队什么时候会拿到联赛冠军时，萨内蒂斩钉截铁地表示："相信我们，总会有一天。"谁也没料到，现实的剧本比想象的残酷，莫拉蒂不停地砸钱，却并未帮助球队登顶意甲，球队反而成为众星恐惧的"黑洞"。在萨内蒂效力国际米兰的前十年，球队除在 1998 年拿到欧洲联盟杯冠军外，颗粒无收。

1999 年，皇马向萨内蒂发出邀约，在双方即将达成口头约定时，一度动摇的萨内蒂还是决定留下来，与蓝黑军团不离不弃。他回忆这次选择时说："我低头看了看我的国际米兰球衣，决定留下来，为了球队，也为了球迷。"在国际米兰的第一个十年，萨内蒂身边的队友换了又换，从巴乔、维埃里、博格坎普到西蒙尼、罗纳尔多；里皮、库珀和霍奇森这些名帅轮番上阵，球队依然萎靡不振。2001 年的米兰德比，国际米兰 0 : 6 惨败给 AC 米兰，赛后只有萨内蒂敢于接受媒体采访和球迷的漫骂，他红着眼圈重复着这句话："对不起大家，请相信我们，我们会振作起来。"

在国际米兰，萨内蒂适应过不同的教练和完全不同的技战术打法，他的位置也不断变化，从右后卫到左后卫，从中卫、后腰到右边锋。只要上场，这位阿根廷人就像永动机一样，永远不知疲倦，一拼到底。从技术特点来看，萨内蒂防守犀利，铲断凶狠，且速度极快，善于长途奔袭，送上助攻。当队友失位或失误后，第一个补位和做出补救措施的总是他。

很多球迷称萨内蒂是个机器人。在国际米兰的19年时间里，他不但头型不变，容颜不见衰老，甚至连体能、百米速度及每场的奔跑距离等数据也不见下降。穆里尼奥入主国际米兰后"批评"的第一位球员就是萨内蒂："他具有所有男人应该拥有的优秀素质，但我还是要表达我的不满，他护照上的年龄怎么会是37岁？他明显在造假。"萨内蒂虽然常年担任后卫，但球风优雅，即使对防守球员苛刻的意大利人，也对他赞赏有加。从不到18岁进入职业联赛，直到38岁时，他才获得了人生的第一张红牌。那是在2011—2012赛季，国际米兰对阵乌迪内斯队，当时国际米兰0∶1落后。在第85分钟时，眼看对方要扩大比分，萨内蒂禁区内铲球，被出示黄牌，累计两张黄牌被罚出场。萨内蒂从1995年加盟国际米兰后，长达17个赛季、连续550场意甲比赛没有红牌的纪录，宣告终结。

2010年5月22日，国际米兰2：0击败拜仁，阔别45年拿到欧冠冠军。这是萨内蒂职业生涯获得的第一个欧冠奖杯，一向稳重内敛的他喜极而泣，这是幸福的泪水。就在这个赛季，国际米兰在穆里尼奥麾下创造历史，拿到了三冠王。很多人都在感叹萨内蒂的成功和伟大，但不要忘记，阿根廷人是靠着打不死的精神一路走到顶峰的。当年球队连年无冠时，看台上的极端球迷曾用恶毒的语言侮辱他，他第400次代表国际米兰比赛的那天，球队不敌马赛队（以下简称"马赛"），他第500次代表国际米兰比赛的那天，国际米兰输给拜仁……一次次的跌倒和挫折，没有摧毁萨内蒂，反而让他变得更加强大。

2014年5月11日，2013—2014赛季的意甲第37轮，国际米兰4：1战胜拉齐奥队。萨内蒂在第51分钟替补登场，踢完39分钟比赛后，正式宣布退役。萨内蒂退役的主因是跟腱断裂后，一直未能痊愈，否则他还能继续在梅阿查奔跑。"小将"萨内蒂的国际米兰生涯至此正式终结。19年时间，858场比赛，21粒进球，16座桂冠，同时参加了47次米兰德比、105场欧冠比赛，这张华丽的成绩单背后，是10年的不离不弃，是多次被同城死敌踩躏后的悔恨泪水，以及无数次与伤病不屈不挠地对抗。此外，萨内蒂不仅是意甲联赛出场次数最多的外籍球员（615场），还以40岁259天成为征战意甲年龄最大的外籍球员。在这里度过了19年峥嵘岁月后，萨内蒂的4号球衣被永久封存。萨内蒂之于国际米兰，不仅是队长和一名退役的球员，有时更像球队的象征。退役后，萨内蒂出任俱乐部副主席职务。

一支球队的底蕴往往是历代球员用他们的汗水积累起来的，这些与球队共同成长、相互守候的球员构筑了球队基石。企业的基业同样离不开基石型员工，他们虽不耀眼，却忠肝义胆，企业拥有基石型员工无疑是一大幸事。

二、基石型选手的心智特征

在真实世界中，忠诚是相互的，与实力相伴，没有实力的人也没有资格谈忠诚。除实力之外，一生一城的人有一些共同的特征——解决问题、付出、刷新。

1. 解决问题

基石型球员往往长期处于解决问题模式，处于该模式的时候，习惯集中100%的精力，刻意将挑战的层次设置在目前的技能水平之上，分析所做的每件事，让一切更接近自己设立的目标。

斯科尔斯、萨内蒂都有一个共同的特点，无论是踢球还是个性，在相对张扬的足球比赛中，都略显寡淡。他们的竞技水平在职业生涯中都没有大的起伏，所谓高光时刻甚至不及戏剧落幕的那一刻。在比赛过程中，他们鲜有灵光乍现、出人意料的表现，只是单纯地踢好每一脚球，踢好每一场球，落后就争取扳平比分，需要进攻就全力压上，对手强大就做好防守，仅此而已。他们与当时同级别球员相比，转会绯闻少得多。无论球场局面多么百转千回，他们的整体风格是平静、内敛。这种平静的背后其实是专注和笃定，与其说基石型球员忠诚于球队，不如说他们忠诚于自己解决问题的过程。

美国心理学之父威廉·詹姆斯曾经说过，决定我们在事业上能做到多好的"关键一票"是欲望和激情，是兴趣的力量……这里的激情不是指你关注的某件具体的事，而是指你以一种持久的、忠诚的、稳定的方式去关心的某个顶级目标。你不会反复无常。每一天，你日思夜想的都是这个问题。你向着同一个方向，迫切渴望向前走出哪怕一小步，而不是向另一个目的地迈一大步。沉浸于解决一切横亘在实现目标路上的问题，这是基石型球员的特征之一。

2. 付出

基石型球员稳定的表现源于付出偏好。

付出、获取和互利，是社会交往的三种基本类型，但它们之间的界限并不清晰。许多人在生活中奉行付出的价值观，但在工作中选择互利。这是因为，人们担心别人认为自己软弱或幼稚，所以在职场中不会采取付出的行为方式。斯坦福大学心理学家戴尔·米勒解释，如果人们预期别人会用自利的方式行事，那么就会担心，如果自己成为一个付出者，就会被别人利用。因此，他们得出结论："最理性和适宜的办法，就是采取竞争性心态。"美国康奈尔大学经济学家罗伯特·弗兰克认为，担心被别人利用，这种恐惧如此普遍，以至于"我们时常推测别人长着坏心眼，结果却表露了自身最丑恶的一面：为了不当傻瓜，我们不得已忽略自己更高尚的本能"。

在职场中，这三种类型各有优势和局限。付出者显然会比其他两种人做得更多。稻盛和夫曾说过，当年他做企业时，"聪明人"都跑了，留下的那些看似木讷的"笨人"却把企业做成了"世界500强"。其实，这些所谓"笨人"就是不善于见风使舵、精于计算、擅长获取的人。"笨人"做事踏踏实实，能沉得住气，稳得住性子，就像龟兔赛跑里的乌龟似的，一直向着终点爬行。这是因为所谓"笨人"有天然的付出偏好，不热衷于比较。这种"一根筋"的作风往往在职业发展中处于劣势，付出很多，回报较少，因为他们习惯于沉浸在自己的工作中，从自己的工作过程中汲取能量，而不是热衷于从外界获取回报。

斯科尔斯和萨内蒂都有多次转会的机会，但天然的付出偏好使他们沉浸在工作中，而不是从外界反馈中获取兴奋剂。诚如幸福生活酒店集团的创始人奇普·康利所说："做一位付出者，并不会让你赢得百米冲刺，却可以让你赢得马拉松比赛。"

3. 刷新

成绩和际遇都有波峰、波谷，基石型球员几乎不受影响，无论和谁搭档，在何种战术体系下，他们都能够发挥作用。无论外界环境如何变化，换了多少教练、多少队友，他们的发挥都相当稳定。在任何环境下都能稳定发挥是一种能力，这是一种能够从新知识中提取关键概念，并把这些概念组织成一个新模型，同时把这种模型和已知联系起来，不断适应新的变化的能力。

萨内蒂的 19 年国际米兰生涯经历了十几任主教练，这些主教练风格、性格迥异，你很难说这些人都喜欢萨内蒂。即使彼此性格相融，技战术打法也会大相径庭，而萨内蒂都能够应对自如，这说明他具有超强的学习能力和自我调节能力，不断地刷新自己的心理和生理适配度去适应走马灯般的主教练，这是基石型球员长盛不衰的特征。铁打的萨内蒂，流水的主教练，铁打的基石型员工，流水的管理层。

斯科尔斯也是如此，在 2004—2005 赛季之前，斯科尔斯职业生涯一共只吃过两张红牌，全是 1999 年，一张是在足总杯赛场对阵切尔西时，一张是在代表英格兰队参加欧锦赛预选赛对阵瑞典时，以斯科尔斯当时的技术特点和场上作风，吃红牌对他来说是非常稀奇的事情。自从 2004 年斯科尔斯年满 30 岁之后，一切都开始有了变化。从 2004—2005 赛季开始，在此后的 6 个赛季里，斯科尔斯在曼联一共吃了 8 张红牌，只有 2007—2008 赛季保住了"清白"之身。斯科尔斯在而立之年后，染红指数急剧上升，和他在场上的位置有所改变有关。他在曼联从以前的攻击型中场球员甚至影子前锋，逐渐过渡到组织进攻的后腰球员，这在发挥他组织能力和经验的同时，也加重了他在防守方面的任务，拦截的工作过多，吃牌的可能性自然上涨。防守任务加重，这自然会让斯科尔斯付出一定的代价，而我们能够深刻感受到斯科尔斯在职业生涯的暮年依然本能地在刷新自己的认知和技能。

案例17 ▶　▶▶

这里的基石静悄悄

经常有人说，如果企业开除一半人也许会变得更好。一直以来，我都觉得这是吐槽，直到遇到Peter。如本章开篇所说，组织中大多数的个人表现符合幂律分布，多数组织都低估了最左侧的员工——基石型员工。虽然开除一半有些过分，但基石型员工的表现超越普通员工数倍是不争的事实。

Peter是一家跨国企业的中层经理人，身高、体重和"生姜头"斯科尔斯差不多。他性格敦厚、内敛，面部表情十分木讷，平时少言寡语，与斯科尔斯有几分神似。Peter的际遇和萨内蒂有着相似的曲线，甚至至今都没有世俗意义的高光时刻。

Peter早期曾任某跨国公司华南地区的企业咨询负责人，对华南地区数百家主要制造业企业有着广泛而深刻的研究。那时该跨国公司面临严酷的市场竞争，急需业务转型。由于华南地区业务成绩斐然，Peter与时任华南区总经理一起被委以重任，调到北京总部担任高性能计算产品全国技术负责人。这个领域的工作和工商企业咨询差

别很大，需要对高性能计算及大规模并发技术有深刻的研究。Peter
原来的能力圈是构建在对行业业务的深刻理解基础上的，而新的岗位
对技术细节和功底要求极高。Peter再次从头学起，带领团队专注于
产品技术本身，通过多个重大项目的成功攻关，再次成为这个领域的
专家，并为公司在这一领域构筑了护城河。

但是，由于公司整体业务大幅下滑，Peter并未因为出色的转
型工作获得应有的嘉奖，甚至因为公司业务重心的调整，自己的团队
编制还在缩减。无形中，Peter和团队承担的压力越来越大。随着高
性能计算业务的深入推进，该公司的计算存储产品已经从后来者成长
为该领域的主流产品，而当时市场中的主要合作伙伴还来不及跟上节
奏，急需重新构建合作伙伴生态体系。Peter再次临危受命，在没有
新增人力的情况下，为最大限度地保持研发团队的稳定，他选择独自
离开实验室，去市场中构建新的合作体系。在长达20年的职业生涯
中，Peter安安静静地伴随着企业的曲折起伏，一步一步走向深海，
以一个人顶一支部队的勤勉精神诠释了基石型员工的真谛。

多年以后，我并不知道Peter的近况，只是依稀记得那个时候
Peter经常说的话，加班和写邮件是他的乐趣，解决业务问题是最大
的奖励。

第二节
完美拼图的角色球员

西班牙人的理想球队是11名中场球员，而德国人的理想阵容是7名"清道夫"和4名"小提琴家"。一些球员需要精神饱满且高效地开足马力去苦干，而其他球员则需要在关键时刻贡献神来一脚。纵观曼联王朝的缔造者，我们可以看到像斯科尔斯、吉格斯这样一生一城的基石型球员，也有一些没那么关键却时常雪中送炭的球员，这就是所谓的"角色球员"。

"角色球员"这个词汇通常用在篮球界，英语中表达为"role player"，"角色球员"的译法属于直译，事实上并没有表达出它的真正含义，甚至在一定程度上混淆了角色球员的作用。真正可以涵盖"role player"这个词汇的翻译应该是"配角球员"，或者翻译为"非主角球员"，其代表除球队当家球员之外的球员。可是，这个含义又必须与那些上场就是为了打发垃圾时间的龙套球员有所不同。角色球员是当家球员的得力助手，是球队的二号、三号或者四号主角，虽然在能力上不如当家球员那样出类拔萃，却同样有着影响球队的能力。

角色球员通常有一些特征：不具备超级巨星般的天赋，甚至技术上有缺陷；不受关注，也很少寻求关注；没有对队员进行传统意义上的"领导"；通常不是人们心目中的英雄人选；关键时刻就像天使。

一、巴蒂尔效应和超级娃娃脸

1. 领航员和补锅匠

2009年，《点球成金》的作者迈克尔·刘易斯在《纽约时代》杂志写了一篇很有意思的人物介绍文章，主角就是篮球运动员肖恩·巴蒂尔。传统的统计数据表明，为休斯敦火箭队效力的巴蒂尔，以NBA标准来看，是一位非常平庸的运动员。他的运球能力差，很少尝试投篮，抢不到几个篮板球。他动作缓慢，快速移动少，得分也很不起眼。看过他的比赛和统计数据的篮球粉丝很快将他遗忘。但当他在赛场上凶狠地防守时，被防的运动员似乎把他视为，与其说是威胁，不如说是令人恼怒的障碍。他就像一只2米长的大蚊子，进攻方必须一刻不停地挥拍才能将他赶跑。巴蒂尔身上还有一些独特的东西：只要他在球场上，他的球队就极有可能赢下比赛。巴蒂尔研究了其他球员的弱点，利用这方面的知识巧妙地制伏他们。他的风格是不温不火，在整个球场跑动，在一些出乎意料的位置削弱对手。他似乎在雷达的指引下满场飞，同时出现或消失在赛场上的某个地方。他和球队如此团结，如果不是那件非常醒目的、红白相间的球衣，他可能就会消失在队员当中。还不止这些，统计数据显示，当巴蒂尔防守科比·布莱恩特时，湖人队的进攻比布莱恩特不上场时还要糟糕。换句话说，用大多数衡量指标来看，仅具有中等水平的巴蒂尔使篮球大神布莱恩特成了"他自己球队的祸害"。然而，巴蒂尔没有从火箭队2006—2011年的胜利中得到任何褒奖，无论是从体育节目解说员、球迷、其他运动员，甚至从自己的队友那里。

巴蒂尔干的都是所谓脏活、累活，而把高光时刻留给了其他队友，自己深藏功与名。当他勇敢地去防守对手最强的得分点的时候，需要付出的是全部的体力、精力，甚至抱着与对手同归于尽的态度，这就像领航者、先驱者。在队友展开反击的时候，他又在时刻准备补位，弥补队友全力出击留下的空当，犹如补锅匠。哈里·杜鲁门曾经说过："如果大家都不在乎谁去获取荣誉，我们将会取得多么大的成就啊！"巴蒂尔无疑是这一见解活生生的证明，他在球场上展现了无私和谦和的品质到底能够发挥多大的作用。将杜鲁门这句名言赋予加利福尼亚大学洛杉矶分校篮球队教练约翰·伍登也是恰如其分的。在巴蒂尔之前，他就清楚地认识到，真正具有团队精神的队员会对体育运动产生多大的价值。英国小说家查尔斯·蒙太古写道："一个人的成就是没有限度的，只要他毫不在意谁会为这项成就获取荣誉。"

领航员和补锅匠

某大型互联网公司组织结构调整，小陈的团队从原来的区域地推团队被调整为中台的支撑团队。小陈非常沮丧，他认为自己从主打的1号位变成了支援的参谋部队，这是公司不够信任他、不够重视他。而且，自己的团队常年在一线打拼，擅长攻坚克难，一下子退居二线，自己和团队都无法适应。

小陈的主管领导也看到了这个问题，于是和小陈一起来评估当前的局面。现实情况是，公司希望把中台和前台严格分开，从不同角度去聚焦业务，并非厚此薄彼。在新的架构下，各个团队必须重新调整定位，通过协同作战，做好业务，原来的自闭环小王国式的工作方式已经难以适应发展。

为了重新适应新架构下的工作，小陈提出了领航员加补锅匠的理念，用以给自己的团队重新定位。所谓领航员，就是引领驾驶员去驶向目的地，自己是方向的引领者，但并非实际控制人。补锅匠意味着在出现危险的时候，在主力部队无法覆盖的地方，自己的团队要勇敢顶上来，不去计较得失，以企业整体目标为最高诉求。如果主攻部队在开炮，就为他们送弹药；如果主攻部队在奏乐，就为他们抬钢琴。这种定位厘清了团队新的历史阶段的工作方针，小陈也从原来的主力队员迅速进入角色球员的状态，自己的团队很快就被公司树立为新时期协作共赢的典范。

2. 超级替补

"替补"在口语和网络上的语义随语境不同而变化，有时是褒义，有时是贬义，但当替补之前出现"超级"两个字的时候，"超级替补"就成了实实在在的褒义，往往形容一个人屡次在关键时刻替补出场并且做出巨大贡献。在足球世界里，不乏被视为擅长打"替补"的球星，然而，当提到"超级替补"的时候，人们几乎只会想到一个人，曼联三冠王的功臣——索尔斯克亚。

挪威是一个北欧小国，冬天天气异常寒冷，但那里的足球迷们却热情似火，而挪威足球历史上也不乏一些奇才，最令人津津乐道的就是超级替补索尔斯克亚。索尔斯克亚在球员时代，是曼联主教练非常倚重的奇兵，每当比赛打不开局面或者落后的时候，只要他上场，就能为曼联取得进球。最经典的一场战役当属1998—1999赛季的欧冠决赛，索尔斯克亚在比赛最后三分钟的时候临危受命，替补登场，而他不辱使命，在角球开出来的那一刻，一脚垫射帮助球队破门，曼联反超比分，最终成功击败拜仁，夺得该赛季的欧冠奖杯，而索尔斯克亚这个超级替补的名字也从此为世人所熟悉。

索尔斯克亚在整个职业生涯里是一名相当高产的前锋。在曼联的11年期间，索尔斯克亚总共代表曼联出场366次，打进126个球，其中150次替补出场。基本上，他在每个赛季的进球率都保持双数。1996—1997赛季，是索尔斯克亚进球最多的一个赛季。那个赛季，他以 17 个联赛进球获得联赛铜靴奖，还当选了该赛季联赛最佳新人。该年度，他还获得了挪威足球先生的荣誉。作为一名前锋，虽然索尔斯克亚没有强壮的身躯，没有超快的速度，没有华丽的带球技术，但他总能出现在最佳的位置，给对手致命一击。弗格森表示，索尔斯克亚是一位善于用脑子踢球的球员，飘忽的跑位跟精准的射术，是他能立足曼联的根本所在。而索尔斯克亚的性格温和，团队精神极强。作为前锋，他几乎没有不良脾气。在没有首发机会的时候，他毫无怨言，静静地观察比赛，观察对手的弱点和场上局势的变化。替补上场，他早已洞悉对手的命门，时常可以一击致命。

在我的职业生涯中，也有这么一位超级替补，乃至我后期创业及管理团队都喜欢根据当年的经验，寻找这样一位超级替补随时顶上，他的名字叫"昆哥"。本书中几十个案例都是源自真实事件，但鉴于众所周知的原因，我都做了"脱敏"处理，唯有昆哥这个案例例外，就算是向老大哥致敬了。

案例19 ▶▶▶

昆哥的棋局

大约在十年前，"世界500强"企业在国内风生水起时，昆哥已经为一家"世界500强"企业效力近 20 年了。这期间，昆哥做过技术工作，做过销售工作，做过研发工作，在地方上做过区域负责人，在总部做过部门负责人，几乎就是革命的一块砖，哪里需要往哪里搬。

昆哥最大的特点就是平静、乐观。有一次，一名高管因为审计问题被调离岗位，公司高层很难在年中找到合适的替代者，于是请正在美国休假的昆哥回京临危受命。昆哥火速返京之后才发现，这个部门的业务完全是自己不熟悉的，且客户由于该高管的问题承受了巨大的压力，对公司充满敌意，几个重要工程都准备叫停。昆哥没有丝毫退却，首先不动声色地稳住了团队，然后带领团队仔细研究当前的工程和业务进展，制订了详细的计划。在征得公司各方支持的情况下，他与客户展开了认真的沟通，对善后事宜做了妥善处理，既维护了公司的利益，也赢得了客户的信任。当整体局面步入正轨的时候，公司选择新任领导接替昆哥的工作，昆哥再次回到了原来的岗位。

类似这种临危受命，在昆哥的职业生涯中屡见不鲜。2008年汶川地震，四川分公司应对不利，地方政府很不满意，区域总经理引咎辞职，公司只好又派出昆哥前去救火。果然昆哥再次发挥超级替补的神力，让局面稳定下来，等到新人上任之后再次荣归故里。

有一次，我忍不住问昆哥："为什么你每次都扮演超级替补，公司到底是怎么想的？"昆哥莞尔一笑，说道："咱就是组织的一枚棋子，板凳上有我，组织心里有底，在前线的也不敢怠慢，毕竟替补队员随时可以上场……"

二、角色球员是什么炼成的

1. 高潜个人贡献者

角色球员的组织定位就是高潜个人贡献者。他们看似缺乏领导力，无法影响全队，却是专家型突击队员。

有的人是某个领域的专家，才华过人，经验丰富。他们喜欢独处，用心思考，专心工作，不愿受打扰。角色球员首先是高潜贡献者，专注发挥自己的特长是他们的兴趣，或许他们也能提升某些领导能力，但这肯定不是他们的兴趣和强项，而且会影响他们在自己专长上的发挥。谷歌的第一名员工克雷格·西尔弗斯坦就是这样的人。他是谷歌创始人谢尔盖·布林及拉里·佩奇在斯坦福大学的博士生同学。还在学校的时候，他就参与开发了谷歌的搜索引擎。后来，他在接受《华尔街日报》访问时，谈到自己的成长历程。他曾经认为自己应该试试领导岗位，但几个月下来，他知道"这事不适合自己"，于是急流勇退。他后来成为谷歌的技术总监，直到2012年离开。

任何有价值的东西通常都是团队而不是个人表现的结果，伟大的团队不是由相同的人组成的，而是由互补的人组成的。如果企业想要员工具有认知多样性——思维、情感和行动上的多样性，那么具有不同个性的团队成员是不可或缺的。这意味着适合各种团队角色的各种性格的组合——让一些天生具有主动性、外向性和积极性的人与一些性格相左的人一起协作。

这么做的影响是明确的：如果提高员工敬业度的策略是只雇用那些具有更易"敬业"性格的人，企业最终将面临低水平的员工认知多样性，而这比低水平的人员背景多样性更不利于业绩和生产率的提高。角色球员看似有些短板，但事实上在某个特定维度非常突出，在单点突破方面是高潜贡献者，同时还能起到"鲶鱼作用"，提升团队整体的认知水平。

2. 高效观察者

了解同事的工作，为了明智地应对复杂性，员工必须真正了解彼此的工作、彼此必须达到的目标及必须应对的挑战、可以利用的资源，以及约束条件。正式的职责描述中没有这类信息，员工只能通过观察和互动来了解。管理者的职责是确保员工能够了解彼此。如果不了解同事的工作情况，员工会把问题归咎于同事能力不足，而不是企业的资源和制约因素。超级替补之所以有"微波炉效应"，就是因为善于观察，在蛰伏期间能够对全局有清醒的认知，一旦获得机会便会发挥作用，解决问题。

3. 角色球员是创造力的来源

组织中最有创造力的人很可能比其他人更愤世嫉俗，更具有怀疑精神，更难以取悦。许多创新者往往不服权威，并具有挑战现状的倾向。这使他们更有可能批评管理不善和效率低下等情况，并使其更可能表现出不敬业。将这些人边缘化或排除在外可能看上去是提高员工敬业度的捷径，但在大多数组织中，这些人是创造性能量和创业精神的重要来源，而从那些对现状满意的人那里获得创造性能量和创业精神很难。在某种程度上，所有创新都源于对现状不满意的人——他们会想方设法改变现状。雇用具有高敬业性格的人确实能提高组织绩效水平，但排除那些通常难以取悦且一般不热情的人，涉及公平和道德问题，尤其在他们也像其他人一样胜任自己工作的情况下。

案例20 ▶▶▶

具有基石属性的角色球员

老谭是一家互联网企业的老兵，因年纪偏大超过了所谓互联网公司的"高潜"线，一直作为行业研究院的一员而存在。老谭是个"六边形"战士，关键时刻总能顶上去，就像娃娃脸索尔斯克亚一样，出色完成任务。在平时，老谭又像巴蒂尔一样，很少获得鲜花和掌声。这也难怪，毕竟大家都已经习惯了老谭出手必定是高标准的结局。

2018年，公司准备开拓新市场。开拓新市场既不能让新兵贸然介入，也无法大规模投入，于是老谭开始了一个人的战争。他一日三城，用150个工作日几乎跑遍了全国100多个主要城市，形成完整的调研方案。在像孤胆英雄一样使命必达之后，老谭重新归于寂静，回到研究院继续进行研究工作。

第二年夏天，公司决定向这个领域进行实质性投入。组建团队时间紧、任务重，领导又想到了老谭，毕竟他在调研过程中对业务有深入研究。于是，老谭又整理了人员画像，一年时间面试近500人，出色地组建了一个近600人的团队。

该业务发展两年之后，其中一个特殊部门的重要人员因不可抗力突然离职，而该部门承担了重要的国家级工程业务。公司又请老谭出马，他先稳住客户，再协调内部资源，使该部门平稳过渡到新领导上岗。

一段时间，公司业务面临极大的挑战，人员纷纷离职，同时爆发各种舆情，公司举步维艰。老谭主动提出"飞行家计划"，专注于帮助员工职业发展，最大限度地挽留住人才。

总有一些人被低估，被忽略，老谭是个典型的角色球员，典型的"价值洼地型球员"。可贵的是，老谭能够安守寂寞，脚踏实地地陪伴企业前进，这种基石品格、角色、能力可遇不可求。

第三节
无法打满 90 分钟的人，没有资格踢足球

> "态度就是一切。"

—— 米卢蒂诺维奇

一、我需要你的全部

阳光明媚的一天，东都体育场正进行一场东京灵魂队和大阪钢巴队的精彩足球比赛，江户川柯南（以下简称"柯南"）、灰原哀、阿笠博士及少年侦探团的伙伴们一起到场呐喊助威。城市的另一边，事务所内的毛利小五郎却接到一通宣称要进行恐怖袭击的电话。经过一番努力，柯南终于解开了犯人留下的暗语，成功拯救了无数人的生命。在此之后，警方和毛利小五郎锁定了数名嫌疑人，并随之展开调查。与此同时，躲在暗处的犯罪分子继续

策划新一轮的袭击，前所未有的大挑战，争分夺秒的对决……

犯罪分子的信中写了在10个球场的主场球门上安装了炸弹，要求10支客场球队每队选出1名最优秀的前锋把球射向主队球门横梁中央部位，也就是炸弹安装的部位，一旦球射中，炸弹就会因震动而停止运行，整个球场的人就安全了。但除这10个有比赛的球场之外，犯罪分子还在另外一个没有比赛的球场的一个球门安装了炸弹。柯南经过推理，推测出了这个球场的位置，然后来到了这个球场。少年侦探团的其他4人也跟着来到球场。别人根本不相信柯南一个小学生能够在那么远的距离将足球射中横梁中央，而柯南接到他最好的搭档之一灰原哀的传中助攻，一脚凌空抽射将球射中横梁中央，停止了炸弹的运行。这里的第11名前锋，指的就是除其他在比赛中射中横梁中央的客队选出的10名优秀前锋之外的柯南。但其实柯南并不是靠一己之力做到的，而是在少年侦探团的全体成员的共同努力才做到这一点的。因此，第十一位前锋并不指柯南一人，而是指整个团队。

影片《名侦探柯南：第11名前锋》为日本J联赛创立20周年纪念作品，现役足球队员三浦知良、远藤保仁、今野泰幸、楢崎正刚、中村宪刚等人为片中本人的形象配音。

本片中最大的反面角色，放置炸弹的罪犯中冈一雅，曾经是东京灵魂队的前锋，因为受伤不能继续踢球。离开球队之后，他过着很颓废的生活，经常飙车。警察形容他飙车的样子就像受了重伤的狼在寻找死亡的地点。警察推断他可能是因为被球队抛弃才怀恨在心，想要炸毁那支球队的人和球迷。可是，在审讯的过程中，警察却得知，他不但对球队没有恨意，还很感激，因为车祸之后，东京灵魂队给他出手术费和康复费用，尽管左脚无法完全恢复，仍然要求和他签约，就算上场15分钟都行，想要他再当关键时刻的前锋。可是，他拒绝了，他说他的尊严不允许那么做。

他说："无法在场上打满90分钟的人，根本没有资格踢足球，更别说成为J联盟的职业选手。"

片中，三浦知良也说了和以上文字类似的话。当时，三浦知良已经不再为顶级职业球队效力，只是平时在家附近的公园进行训练，保持竞技状态。一名记者采访他关于职业联赛的内容，三浦知良婉言谢绝。他说："你希望采访我作为职业球员的感受，现在我已经不再为顶级职业球队效力，只是在进行常规训练，现在没必要采访我，等我再回到赛场再来采访吧。"

中冈一雅是剧中的反面人物一号，而他之所以变成反面人物，根源竟然在于他无法为事业倾尽全力。三浦知良是日本足球崛起的象征，二人对工作的态度惊人地一致——专注中充满洁癖，认真中略带惊悚。

杰出的人物仅有技能是远远不够的，天人合一才是终极目标。剧中这一正一邪两位大腕都有一个共同点，就是以自己的工作为中心，近乎自恋。与其说他们以工作为中心，不如说以自我为中心，因为他们已经与工作融为一体。

与两者相似的"狂人"穆里尼奥曾经把自己制定的行为和精神指南发给每名球员："从此刻起，每次训练、每场比赛，你的社交生活的每一分钟，都必须集中在赢得冠军这个目标上。"穆里尼奥以一句可能改编自基奇纳伯爵的名言作为结尾："我需要你的全部。"穆里尼奥曾经说："伟大的钢琴家不会围着钢琴跑，也不会用手指尖做俯卧撑；他们必须弹奏钢琴才能称之为伟大。他要终生奉献于钢琴。而伟大的足球运动员不能仅仅跑步、做俯卧撑或者做体能训练，成为伟大足球运动员的最好方式就是踢球。"

二、我的思想融入你的思想

电影《星际迷航》里的学者、指挥官斯波克，是来自瓦肯星的瓦肯人和地球人的混血。他是"进取号"的大副兼科学官。他长着尖耳朵，经常发表尖锐而深刻的评论，也曾在有关精神资源的论述中探讨过瓦肯人的思想融合。斯波克以奇怪的姿势将手放在别人的头上，默念"我的思想融入你的思想"，就可以将他的思想与别人的思想融合，并让其成为别人灵魂的一部分。

"我的思想融入你的思想"，相信这是每个企业家都渴望的事情，也许在某种意义上能够做到，准确地说，在管理学教程上的确可以做到。每个企业家都希望统一思想，并以最好的方式集思广益，但这并不容易。任何一个处于科层制世界中的人都知道这不容易，无论是商业机构还是政府。科层体制对效率的追逐近乎病态，专制型决策（而非参与型决策）、立场型谈判（而非利益型谈判）比比皆是。因此，"一言堂"遍地开花，思想融合凤毛麟角。所以，谷歌、雅虎、PayPal 的早期投资者迈克尔·莫里茨曾说："如果你有一家科技公司，你雇用的前三四位工程师决定了它是一家什么样的公司。如果你雇用了最好的人，你就可能拥有一个伟大的团队和一家伟大的公司。"在约束条件下，最优路径往往不是最短的路径，因此选择靠谱的人往往比解决体制、机制问题更高效。

"态度就是一切"，这是博拉·米卢蒂诺维奇（以下简称"米卢"）常说的一句话。米卢曾经率领五支不同的球队杀入世界杯决赛圈，尤其在 2002 年率领中国队杀入日韩世界杯决赛圈，是中国球迷唯一聊以自慰的记忆。米卢长袖善舞，纵横五洲，他的全部足球哲学浓缩下来就是这几个字——"态度就是一切"。在米卢治下的团队，全力以赴的态度就是他的组织信仰，也是组织力的核心。组织力虚实结合，虚的部分就是组织信仰，是推动组织中的人在模糊不定的环境下穿过黑夜、跨过寒冬的精神动力，实的部分是一个持续正向反馈闭环，是通过各种节点反馈结果、强化信仰的实操过程。其本质是一种"借假修真"：业务、事件、行动都是假的，团队的成长，人的成长，这才是真的，所以立足点还是人。

　　组织力的基础是价值观，价值观之上就是体系。无法打满全场就没资格踢球的信念和集思广益式的思想融合就是组织信仰，而基石型球员、角色球员、领袖球员就是以组织信仰为指导的体系践行者。

番外
成功团队的组建取决于人才的平衡

　　美国普渡大学动物学教授威廉·M.谬尔探究团队产出的背景与众不同，他用的是鸡群。谬尔关注的问题是将母鸡分组，装进不同的鸡笼中，使母鸡的产蛋量最大化。换句话说，他能够组建高产团队。当问题只涉及鸡时，回答起来显然比涉及人类时容易得多，部分原因是将一只母鸡挪来挪去不需要征得它的同意。另外，在这个背景下，绩效也很容易量化。你只需数一下有几枚鸡蛋就可以了。

　　谬尔设置了两种类型的鸡笼。

　　首先，他找出各个鸡笼中最高产的母鸡，然后把它们集中在同一个鸡笼中，从而创建了一组精选的"超级母鸡"。

接着，他找出最高产的一笼母鸡，即产出最多鸡蛋的一笼母鸡（虽然以单只母鸡来论，产蛋能力并不一定最强），保持该笼原样不变。

那些"超级母鸡"的后代比起高产母鸡团队会优秀多少呢？为了找到答案，谬尔让这两组鸡分别繁殖了6代，然后统计产蛋数量。经过6代繁殖，作为对照组的高产鸡笼里的母鸡表现不错。它们健康肥硕、羽翼丰满，产蛋量也一代比一代有明显的增长。那么，"超级母鸡"的情况如何呢？谬尔在学术会议上展示实验结果，他放了一张幻灯片，上面是精心挑选的"超级母鸡"的后代。听众看到顿时倒吸了一口凉气。6代后，笼中鸡的数量从9只锐减到3只，其他鸡已被笼中的同伴杀死，曾经创下的惊人产蛋纪录已经成为历史。"超级母鸡"幸存的后代，现在体弱多病，身上布满战斗后留下的啄痕和伤疤。在这样高度紧张的环境中，它们基本上无法产蛋了。

我们往往错误地认为，创建一个成功的团队非常简单，就是招募精英中的精英。谬尔的母鸡实验是一个重要的警示，事情远远没有这么简单。当然，你需要有才干的队友，但他们同样需要学习怎样合作，以取得超越个人能力之上的成就。如同烹制一道令人难以忘怀的美味佳肴，组建团队并不仅是把你家冰箱中最好的食材一股脑儿地倒进锅里，你还必须考虑这些食材的搭配。

本章提到的仅是竞技体育中比较有特点的成员，也恰好是企业团队中容易被忽视的成员。当然，竞技体育中最杰出的成员应该是领袖型成员，而在企业运营中，领袖型成员大多数是（也必须是）企业家自己。

　　企业家都知道企业需要各种类型的员工，但最容易犯的错误就是员工的错配。基石型球员，你如果老是希望他们扮演角色球员，经常灵光乍现，他们就会经常不知所措。而角色球员，你希望他像基石型球员那样，在长周期内一直保持稳定的输出，这也是不恰当的。另外，片面地追求领袖型员工，这是不现实的，因为在企业当中真正的领袖只能有一个，就是实际控制者。不能寄希望于经理人成长为领袖。经理人最多只能成长为明星或者体系型领袖。精神领袖只能是企业家自己。

　　经理人准确把握自己的定位是成长的必经之路。华为有一个案例：一个年轻人刚入职就写了一封万言书，对公司的大政方针、世界和平之类指手画脚。任正非的批语是，有病瞧病，没病辞退。由此可见，经理人对自己在环境中的阶段性定位要有清醒的认知。我个人的体验是，成为"领航员+补锅匠"是经理人的最优解。成为基石型球员还是角色球员，取决于经理人的心智偏好和技能特征，角色球员要有基石型球员之心，基石型球员要有角色球员之力。当然，经理人也可以努力成为领袖型员工，但要记住在组织当中自己只能是体系型领袖，不可能是企业家型的精神型领袖。即使自带体系的领袖型员工也要顾及体系，助力完善体系，毕竟企业家才是企业唯一的领袖。

盗梦篇

等雨线上

真正的发现之旅不仅在于寻找新的风景，更在于拥有崭新的视野。

——马赛尔·普鲁斯特

> 十五英寸等雨线是从中国东北向西南……这等雨线
> 之东南，平均每年至少十五英寸的雨量是常态，符合欧
> 文·拉铁摩尔所说，中原农业茂盛，人口繁殖。提及线之
> 西及北，他则说：几千英里内人类全然不事农桑……
>
> 　　　　　　　　　　　——黄仁宇《中国大历史》

在过去的几次创业过程中，我经常和团队一起畅想未来。一次宿醉之后，我满怀豪情地对大家说，等我们创业"成功"了，一定要把我们的成功经验编辑成册，书名就叫"等雨线上"，大意是跨过等雨线的企业将不需要把主要精力用于谋生。直到后来，我加入了阿里巴巴，近距离地观察了这家过去二十年最杰出的企业之一，我终于明白当年的"妄想"有多幼稚。成功本来就是个虚妄的概念，企业经营更不存在所谓等雨线。正如本书楔子所言，如果说硬要去发现什么，那么富可敌国的雷曼投资银行都会轰然倒塌，而四处撒币、昏招频出的曼联之流依然独步天下，这种现象的确值得玩味。我曾经长久地注视足球俱乐部这一历久弥新的物种，试图去发现等雨线的影子，足足花了30多年的时间，除沦落为球迷之外一无所获。直到遇到一本书，我终于发现有没有等雨线并不重要，而寻觅等雨线的旅途是如此美妙。

在梅拉妮·米歇尔的《复杂》一书中，记录了下面的对话。

有人问生物学家："宇宙最早是什么样子的？宇宙的发端到底是什么？"生物学家说："宇宙的发端到底是什么，我也不太清楚，如果有的话，那么绝不超过三行代码。"那人追问："只有三行代码？那是如何变成现在的复杂宇宙的呢？"生物学家的回答简明扼要："迭代。"

在未来，所有的机械态团队都会转型为沙丁鱼这样的生物态团队，拥有海量员工。想要管理好一个生物态团队，最重要的事情就是赋予其最简单的三行初始代码，然后不断迭代。

（1）为社会做贡献

你的创业目的如果只是想多赚点钱，那么最后的结局一定是失败。就算你确实赚到了钱，也是人生的失败。因为你找不到努力的意义，赚了钱觉得没意思，不赚钱觉得更没意思。因此，我给出的第一行代码就是"为社会做贡献"。这行代码出自心理学大师阿尔弗雷德·阿德勒的《自卑与超越》一书："只有把自己的价值和整个社会的价值结合起来，才能解决我们内心的自卑问题。"

（2）终身成长

不管别人怎么评价你，也不管某件事最后的结果是成功还是失败，最重要的还是自己能不能从中学到东西，有没有不断努力、不断成长。这行代码出自心理学教授卡罗尔·德韦克的《终身成长：重新定义成功的思维模式》一书。

（3）持续尝试新事物

员工一旦陷入舒适区，就会失去前进的动力，出现明显的职业倦怠，整个团队也就失去了进取心。新鲜事物会带给人求知欲和成就感，你要鼓励员工从舒适区走出来，去迎接新的挑战和改变。

世间事就这么有趣，灌输、填鸭甚至威逼利诱时常事倍功半，而类比和隐喻总是润物细无声。《复杂》一书提供了简单的类比，虽然远远不及三行代码那样睿智，但对于等雨线及其他至少依稀有点轮廓，当然也许只是"盗梦空间"。一、像弗洛伦蒂诺一样传递价值；二、像穆里尼奥一样不断犯规；三、像瓜迪奥拉一样攻守兼备。

第一节
价值媒介

　　绝大多数企业都会把"客户第一"作为首要价值观和行为原则，将其作为口号贴在墙上、写在会议纪要中，然而实际执行中关注的是客户的订单而不是客户本身，至于客户的其他感受就会被忘到九霄云外。这种专注于某项重要事物，而忽略其他事物的情况，心理学家称之为"目标抑制"，企业也会受到目标抑制的影响。

一、交付价值，而非战胜对手

　　皇马主席弗洛伦蒂诺说："我们就是内容提供商。"足球俱乐部提供的内容就是交付的价值，这给足球俱乐部的本质做出了定义。足球俱乐部之所以长久存在，一个主要原因是这个领域的"竞争"与企业间的"竞争"有着本质上的区别。企业之间大多数的竞争是零和博弈，而足球俱乐部之间的竞争并非如此，对手的倒闭对自己一点好处也没有。因为足球最大的价值是给观众奉献伟大的比赛，而伟大的比赛需要伟大的对手，比赛双方都是价值的创造者，相互间的比拼不是为了杀死对手，而是看谁的表现更杰出。大家都是一个舞台上的演员，并不存在零和博弈。足球俱乐部存在的价值是踢漂亮的足球，比赛只是交付价值的方式，获得比赛胜利是价值交付的阶段性成果，并不是最终目标。

就本质而言，企业也是价值提供商。竞争对手不过是价值交付过程中的同路人，既相互督促又相互支撑，阶段性的胜负成败并不是终局。如果把商业竞争当成目标，即使足球俱乐部也会陷入困境。

20世纪90年代，以计算机行业起家的艾伦·修格成为热刺的主席，他的计划是像运营商业公司一样使热刺获得利润，打败竞争对手。上任之后，他意图开源节流，不再为球队补强投入超额资金，不再为所谓的超级球员挥霍一文钱。纽卡斯尔在1996年以1500万英镑购买阿兰·希勒之后，修格评论："我会扇自己几个耳光，不过我还是难以置信有球队会花这么多钱。"修格的确践行了他的诺言，在他经营热刺的10年时间里，精打细算，热刺的竞技水平一直勉强维持，没有浪费，也没有额外投入。热刺在那10年间唯一的胜利是一个孤独的英格兰联赛杯冠军。热刺在大多数时间里徘徊在英超联赛积分榜的中间位置，远远落后于阿森纳、切尔西等同城竞争对手，甚至商业目的也没有达到，球迷也非常不满。在修格经营的前6年，热刺每年的利润是200万英镑左右，远远不如阿森纳、切尔西等同城死敌，和规模类似的商业公司相比也差强人意。修格的热刺让球场内外的人大为失望，既没有打出像样的比赛，也没有因为紧缩开支而获得超额利润。修格身体力行地诠释了这样一个悖论：当商人力图以纯粹商业目的经营足球俱乐部时，那么受损的不仅是足球，也是商业经营本身。

1. 欧洲黑店摩纳哥和谷歌的技术洞见

如皇马大统领弗洛伦蒂诺所言，足球俱乐部是内容提供商，内容是否精彩才是取悦球迷的根本。如果获胜夺冠是正剧，那么在此之外也会有悬疑剧、轻喜剧等。欧洲"黑店"摩纳哥就是这样一个独特的存在，该队不生产主旋律产品，但依然让球迷感到兴奋。

摩纳哥公国的面积只有1.98平方千米，是世界上面积倒数第二的国家，人口只有4万余人，在这样袖珍的土地想拥有一支令整个国家为之兴奋的球队，那必须是跨越了战略拐点，站上等雨线的球队。

在早期，摩纳哥也和其他球队一样，大笔投入。2013年夏天，哥伦比亚前锋法尔考以6000万欧元的身价从马竞来到摩纳哥。在他之前，摩纳哥引进穆蒂尼奥和J.罗德里格斯两人已经花费了7000万欧元；再加上卡瓦略的加盟，摩纳哥在一周内就花掉了1.3亿欧元。然而，为了长期发展，"烧钱"对于摩纳哥还是不太现实的。摩纳哥主场场均观众只有9000多人，门票收入可能还不如中国足球甲级联赛的球队，再加上转播收入较低，摩纳哥一直资不抵债，面临严酷的生存压力，改变生存策略势在必行。

于是，在2014年世界杯爆红之后，摩纳哥随即将J.罗德里格斯以8000万欧元的价格卖给了皇马，随后花费400万欧元从卡昂队（以下简称"卡昂"）买来了年仅19岁的小将勒马尔，而那个时候的勒马尔在卡昂甚至都不能保证主力位置。2018年，勒马尔以7000万欧元转会马竞，而这正是摩纳哥经营策略转变的标志，他们开启了高效的造血机器。摩纳哥利用庞大的球探系统从世界各地网罗优秀的年轻球员加盟球队，经过自己的培养后再高价卖出，这样的经营策略也是该队此后一直秉承的理念。摩纳哥从里昂队购买20岁的法国前锋马夏尔时花费了500万欧元，转手卖给曼联得到了8000万欧元。门迪以5200万英镑加盟曼城，而在这之前，摩纳哥从马赛签下他的时候只花了1500万欧元（约合1140万英镑）。摩纳哥的青训球员姆巴佩转会大巴黎，转会费更是高达1.3亿欧元。

摩纳哥的生意如火如荼，得益于其强大的青训系统的支撑。摩纳哥每年在青训上的投入达到800万欧元，并且愿意给年轻人足够的机会来展示自己。对于年轻人，摩纳哥非常重视，摩纳哥的球探系统在整个欧洲都是上乘的。仅在巴黎地区，摩纳哥就有

6位球探。摩纳哥之所以在姆巴佩14岁的时候便将其签下，正是用真诚和球探的持续关注打动了姆巴佩的父亲。摩纳哥几乎囊括了所有法甲联赛中的好球员，勒马尔、巴卡约科、西迪贝、门迪都是其强大的球探系统给球队带来的财富，这几乎是半支法国队的班底。发掘青年才俊，将其培养成才后输送给豪门球队，摩纳哥围绕核心比较优势，成功交付了独特的价值，在世界足坛占据一席之地。

无论是球队还是企业，其传递的价值都是根本，战胜对手和赢得竞争都是结果，是对自身条件的创造性开发应用。经典理论提倡的最佳实践和管理方式，从统计学的角度来说，都是一般规律和中心趋势，是大家回归所向的平均值。如果向这个目标努力，顶多是随大流，与对手达到战略持平状态，并不能够获得竞争优势和卓越绩效。如果达不到这个水平，就可能遭遇竞争劣势和绩效低下。所以，一般的管理学说，从"对标"到"榜样"，都是教人怎样不落伍，但并不能昭示如何出人头地。摩纳哥如果并非独辟蹊径，一味按照传统路径与豪门球队竞争，结局是显而易见的，也许在个别赛季能够取得一定成绩，但是在长期博弈中，大概率无法找到战略拐点，也很难跨越等雨线。

其实，杰出的企业之所以杰出，也因其身上有同样的特征。谷歌创始人埃里克·施密特在《重新定义公司》一书中表示："信赖技术洞见，而非市场调查。"所谓技术洞见，是指用创新方式应用科技或设计，以使生产成本显著降低或产品性能和可用性大幅提升。依靠技术洞见生产出来的产品，可以与同类竞争产品拉开差距，无须大肆宣传也能让消费者感受到其独一无二的魅力。技术洞见是谷歌传递的独特价值，所以我们从未听过谷歌要战胜某竞争对手，也未见到其对标的所谓"友商"。谷歌交付价值，而非战胜对手，所以没有KPI，因为有了KPI就有了既定目标，就有了边界的桎梏。最优秀的产品是靠技术因素而非商业因素获得成功的，而技术因素的核心要义就是通过技术重新定义产品价值。

这种玄幻的说法听上去好像有些不接地气，而我就在几年前亲身经历了聚焦价值交付而深刻影响企业发展的过程。

案例21　　　　　　　　　　　　　　　　　　　► ► ►

完全用户体验

大约五年前，我帮K公司研究业务增长问题。该公司的产品是一款炫酷的商业可视化软件，用游戏引擎做渲染，视觉效果科技感十足，加上相对低廉的价格，刚一推向市场便引起了众多客户的关注，很多客户把这款产品作为大屏幕展示的核心软件。该公司的计划本来是用较低的价格抢占市场，然后在后续的增量组件采购中获得利润。结果事与愿违，很多客户采购展示软件之后都没了下文，这与公司最初的设想大相径庭。这相当于做了促销之后，样品低价卖了不少，后续的采购却没有了。K公司很焦虑，于是开始做经营分析，比如，是不是业务团队没有尽力、是不是服务团队的培训不到位、是不是竞争对手在使坏。K公司花了很多时间去回访，绝大多数客户挺客气，说产品科技感强、技术先进，只是与实际业务还有距离，需要时间去沉淀。就这样过了三个多月，怎么分析都无法拿出一个令人满意的答案，大家一筹莫展。

有一天，创始人提的问题忽然提醒了大家：到底客户采购回去的产品使用状况如何？是好用还是不好用？使用的频率怎么样？于是，我协助他们做一个完全客户体验计划。具体说，就是让服务工程师去研究软件系统的使用情况、使用频率、客户体验，以及解决的问题是不是客户的重大问题等。经过几个月的跟踪，K公司终于发现了一些触目惊心的现象。该产品由游戏引擎渲染而成，播放效果足够吸引眼球，但客户在使用的时候依然用自己的小工具处理数据，因为自己的工具很小，也很便捷。K公司的产品功能齐全，也很强大，但驾驭起来非常复杂，要学习很长时间，甚至改变很多习惯。总之一句话，K公司的产品看上去很美，但复杂度太高，使用成本极高，所以很多用户购买之后只是用来展示，实际还是用一些较简易的、低技术含量的办法。

K公司发现这个问题后，迅速做出改变，不再追求产品的时尚性和技术的先进性，把精力全部放在让用户易用、好用、多用上。K公司改变以前片面追求高新技术、提高附加值的做法，追求以最简洁的方式解决客户遇到的问题，对于产品售价不重点考虑。经过大约一年时间的调整，K公司的产品成为这个领域使用量最大的产品，在客户端的应用频率是同类产品中活跃度最高的。

这一改变的本质是K公司回归到传递客户价值的本源上，客户高频次的使用代表产品有实际价值，这是最朴素的价值判断逻辑。

2."疯子"贝尔萨和柳井正

业务增长是价值创造的结果。企业面对增长焦虑，面对长期增长的困局，只有调整思考方式才可能破局。当问题反复出现时，说明解决问题的方式已经需要改变了，思考问题的角度可能是最关键的问题。就像一支球队，本质是取悦球迷，从追求打败对手到立足于自身，从球队如何变得更强，变成如何奉献伟大的表演，只有以这样的角度，才可能去做真正有利于长期增长的事情。

贝尔萨不是最有名的教练，按照他的战绩，在竞争激烈的足坛几乎留不下什么痕迹，但他是最特立独行的教练。功利主义在足坛比企业界更加盛行，就是在这样的环境下，贝尔萨以格格不入的战术理念打出了独特的价值，被大众称为"疯子"。

贝尔萨之所以被称为疯子，是因为他强调极致的进攻。在功利足球驱使下，很多球队立足于防守，而贝尔萨不论本方实力强弱，永远立足于进攻，疯狂跑动、大范围拉开空间是他的标志性特征。贝尔萨一生并没有特别显赫的成绩，只有3次阿根廷联赛冠军和1个奥运会冠军，但这些都不妨碍他成为一个传奇教练。贝尔萨开创式理论和打法，一是疯狂进攻，二是高强度跑动和拼抢，三是对球场宽度的利用及对前场空间纵深的洞察。

贝尔萨的足球理念影响了一批后来者。在刚刚接手巴萨的时候，瓜迪奥拉直接飞到阿根廷向贝尔萨求教。两人相谈甚欢，对战术的交流达 11 小时。在瓜迪奥拉的自传中，他提到贝尔萨为他讲解了他的"3313"战术的精髓，而且倾囊相授，让他受益良多，所以瓜迪奥拉一直把贝尔萨当作老师一样尊敬。齐达内在执教初期，特意飞回马赛，去找当时的马赛主教练贝尔萨。齐达内向贝尔萨说明自己的仰慕之情以后，双方进行了深切的交流。齐达内观看了马赛的多次训练课，贝尔萨对齐达内不理解的地方进行了详细的讲解。在采访中，齐达内曾经说过，贝尔萨是当今世界进攻足球的祖师。马竞主教练西蒙尼曾经说过，无论是作为球员还是教练，对他帮助最多的人就是贝尔萨，他的进攻足球永远领先世界一步，他的每个细胞都崇尚进攻。波切迪诺也曾经表示，贝尔萨像自己的父亲一样对自己细心指导，如果没有他的战术指导，那么自己对足球的理解永远停留在固定的范畴之中。

经营环境瞬息万变，模仿别人的想法或方法，绝对无法成功。复习自己跟他人的成功例子，也没有意义。这世上根本没有成功的秘诀或方程式，迷失在成功的假象中，或沉迷在过去的小成就里，绝对不会取得真正的成功。而企业界的贝尔萨非柳井正莫属。

优衣库的创始人柳井正从不随波逐流。

1984年，日本经济还处于繁荣时期，经济增长率达3.9%，是连续四年增长中最好的一年。此时，柳井正却选择跳入平价休闲服的市场，强调物超所值，让客户自由选购。这一概念颠覆市场，优衣库开店就造成轰动，上门的顾客多到必须实施入店管制。

在日本经济剧降时，优衣库拓展分店，碰到资金筹措的难题。当时，日本法律对创业者并不友善，总计高达60%的法人税、事业税、地方税，再加上必须保留前一年度一半的纳税额，导致企业的年度获利甚微，无法快速扩张。1991年，日本经济增长率从前一年的6%骤降到2.2%。没有背景，又缺少抵押品的柳井正无法从银行融资。只有推动公司上市，他才能取得需要的营运资金。为了达到快速上市的目标，他定下每年新增三十家分店，三年后总店数破百，然后申请上市的激进策略。

企业如果只求安定，增长必然停滞。柳井正的成功关键在于提供低价格、高质量的产品，为了达到目标，他将生产转移到中国，只将设计中心留在日本。为了确保质量，他将日本技术导入中国工厂。同时，为了便于统一标准，他将一度膨胀到140家的代工厂缩减到约40家。这套生产与设计中心分离的方式曾获得趋势大师大前研一的赞美，他呼吁日本企业向柳井正学习。

柳井正认为，企业是无常的，无法永续经营的可能性很大。先有商业机会，有热门产品，顺利集资，企业才有存在的必要，一旦这些条件消失，企业可能转瞬瓦解。因此，当日本企业还在讲究排资论辈、重男轻女的时代，柳井正在人事管理上已经采取实用主义，做到男女平等。优衣库的员工年轻而有活力，平均年龄仅30岁。日本经济十五年不景气期间，许多企业埋入历史烟尘，山一证券、SOGO百货等知名企业也难逃厄运，但优衣库门店从29家发展到650家。这与柳井正不追求安定、不模仿别人、剑走偏锋的极致打法是分不开的。

贝尔萨喜欢蹲在场地边指挥比赛，这是因为他想近距离感受绿茵场的震颤。他的战术理念里没有边界，全力出击、淋漓尽致地发挥是唯一目的。柳井正不受束缚，剑走偏锋，突破边界，永远挑战更高的目标。不拘泥于现状，不受外界影响，全力追求创造独特价值，两位大师殊途同归。

二、"先活下来"价值不大

1. 垂直思考的曼联

终局式创新和积木式创新是很多初创企业奉为圭臬的路径。终局式创新是指人的脑海中先构想出完美的图景，然后到处搜寻合适形状、色彩的拼图片，将其摆到自己想象中固定的画框中。该理念的信徒，相信人类理性设计的能力足以主导组织，成就大事。终局式创新，人的眼睛瞄准的是最终图样。而积木式创新，人的脑海中没有完整而固定的最终图形构想，每块积木没有固定的位置，先看手上有什么积木，再到处看看会碰上什么积木，看看可以搭配出什么样的造型。积木式创新，人的眼睛瞄准的是每块积木各种拼搭的可能性。

终局式创新以垂直思考为主，就像登山，盯住主峰攀登，希望每一步走的都是上坡路，直到登顶。但问题是，爬山需要经过多个山坳，进进退退、高高低低是常态，全局视角的水平思考就显得更有操作性。垂直思考用否定来排除某些路径，而水平思考不存在否定。我们有时必须先错后对。比如，对比当前的参考框架，我们可能是错的，但换个参考框架就是对的。即使参考框架没有变化，先穿过错误区域，到达能看到正确路径的位置，有时也是必要的，虽然在最终的路径中我们不会穿过错误区域，但穿行这一区域有助于我们发现正确路径。水平思考不存在否定，垂直思考要求专注，排除一切无关信息。水平思考则欢迎各种随机干扰。垂直思考通过排除来选择，先构建一个参考框架，再剔除一切无关信息。而水平思考则认为模式无法从内部重建，必须依靠外部影响来打破。所以，水平思考者认可外部影响的启发作用。这些影响越不相干，推翻既有模式的可能性越大。一味地专注于相关事物，相当于维系现有模式。

无论是终局式创新还是积木式创新，获得简单直接的解决方案都是可遇不可求的。在企业初创阶段，很多企业家在讲，我们要先活下来，再谋发展。所谓先活下来，意味着在较短的周期内寻找到临时解决方案。"先活下来"隐含着垂直思考方式。

垂直思考者貌似沿着宽阔明朗的道路朝着正确的方向前进，他们认为垂直思考的过程是确定的，水平思考的过程是概率性的。垂直思考一定会得出答案，比如，我们使用数学方法解题时肯定会得出答案，但答案是否正确无人可以保证。水平思考也许不能得出任何答案，只能为我们提供重构模式、发现解决方案的可能性，这两个目标最终不一定会实现。垂直思考能保证找到最小化解决方案，水平思考虽然能提高找到最大化解决方案的概率，但没有任何保证。

垂直思考者追求确定性和最小化的解决方案，多半会获得局部的确定性和田间地头的充实感。水平思考者追求重构和最大化的解决方案，大概率可以获得炸裂的不确定性及星辰大海的漂泊感。

2013年，弗格森退休之后，曼联管理层励精图治，演绎了一出可歌可泣的垂直思考大戏。当然，曼联不是追求先活下来，人家追求的是先拿几个冠军。

从1986年到2013年，曼联在弗格森的率领下取得了辉煌的成就。20多年间，曼联雄霸欧洲足坛，弗格森率领曼联共参加1500场比赛，取得895场胜利，夺得13个英超冠军、2个欧冠冠军、5个足总杯冠军等38个冠军，并在1998—1999赛季创下"三冠王"伟业。弗格森在1999年被英国皇室授予下级勋位爵士。2012年，弗格森被国际足球历史和统计联合会评为21世纪前十年最佳教练。2013年5月19日，72岁的弗格森在2012—2013赛季英超联赛结束后正式退休。

后弗格森时代，曼联陷入了漫长的重建期。近8年时间，有五位主教练入主曼联，曼联非但没有重现昔日辉煌，甚至有愈发倒退的趋势。究其原因，格雷泽家族和经理伍德沃德急于通过临时解决方案解决长治久安问题的垂直思考是最大的问题。

2013年6月—2014年4月，大卫·莫耶斯在弗格森的推荐下入主曼联。莫耶斯擅长执教中下游球队，为人低调内敛，兢兢业业。弗爵爷希望同为苏格兰人的莫耶斯能接过自己的衣钵，延续曼联的辉煌。但是，莫耶斯并非格雷泽家族和伍德沃德的最优选项。作为格雷泽家族的代言人，伍德沃德急于证明自己离开弗格森依然能够夺冠。

莫耶斯是慢热型选手，工作作风朴实无华，这正是重建一个足球王朝需要的。而曼联高层对此大为不悦，不到一年时间就把莫耶斯炒了鱿鱼。其实，当年弗格森初入曼联时也是经历了一段至暗时刻，通过摸索才找到正路，而曼联高层没有耐心给莫耶斯足够的时间。

2014年7月—2016年5月，荷兰功勋教练范加尔接过莫耶斯留下的摊子。范加尔的江湖地位不亚于弗格森，曼联高层请范加尔明显有希望短期见效的意图。所谓超短线寻短见，股市里的俗语好像曼联高层并不知晓。范加尔纵横江湖几十年，什么阵势没见过，瞬间领会了老板的意图。短期见效很容易，花钱买人是最简单的办法。于是，范加尔大肆收购各种成名球星，虽然获得了一个足总杯聊以自慰，但曼联也赢得了"抬价联"的戏称。什么叫抬价联？就是任何球员转会，只要曼联介入，肯定花冤枉钱。此时，曼联高层又坐不住了，曼联的品牌是靠实力赢得的，不是靠刷单刷来的。于是，曼联高层请来了名满天下的穆里尼奥。

2016年5月—2018年12月，在穆帅治下，曼联取得了欧联杯、联赛杯、社区盾杯三项冠军，又取得了英超联赛亚军的好成绩。如果说莫耶斯是扎扎实实从青训到建队一步步打起，走的是硬桥硬马的"剑宗"路线，那穆里尼奥就是以铁血防守和闪电突击，迅速建立人设气场，走的是"气宗"的建队路线。怎么建队其实并不重要，而曼联高层就过不去这道坎了。在过去的辉煌时代，曼联一向以大开大合的进攻著称，这是基于长期的实力打磨的结果，而穆里尼奥这种沉闷的防守反击打法无法取悦老板。那些抬价请来的大牌球员也跟着起哄。而且，曼联最辉煌的时期是由青训班底支撑的，穆帅的球员都是雇佣兵，没有纯正血统。

2018年12月，曼联高层请来原曼联功勋球员索尔斯克亚执教，意图借助所谓曼联基因，再度复制弗格森的辉煌。索尔斯克亚为曼联效力二十年，功勋卓著，而且为人谦和，能够和大牌球员打成一片。然而，索尔斯克亚哪里都好，就有一个缺点，执教水平太差，没有自己的执教理念，难以做出果断的决策。此后，曼联非但成绩不佳，战术打法更加混乱，与第一集团渐行渐远。索尔斯克亚终于在挣扎近三年后黯然下课。

当然，曼联这八年追求的肯定不是"先活下来"，他们追求的是快速登顶。纵观曼联高层八年来的所作所为，显然是掉进了垂直思考陷阱，过分希望一招制胜，过分相信有灵丹妙药解决全部问题。莫耶斯、范加尔、穆里尼奥、索尔斯克亚是完全不同类型的主帅，如此混乱的用人反映了曼联高层对于一步到位取得终局胜利的急不可耐，这不仅是缺乏对足球运动的清晰认知，也是在反复冲撞思维之墙。

在本书交付之际，曼联聘请了新主教练朗尼克，一位"临时主教练"。朗尼克只能带队打完剩余的半个赛季……曼联蹉跎了八年多，已经证明足球世界没有特效药，即便贵为世界顶尖球队，依然需要用重构和创新之心去打破固有的思维之墙。

2. 水平思考的 J 联赛

用日本 J 联赛的成功、日本足球的崛起和曼联近年来的蹉跎相比颇有"关公战秦琼"的即视感，但如果与东亚邻国相比，日本足球的崛起就更加有说服力了。当然，我们的研究是有门槛的，不想做这样直接的对比，行文之间如有误伤纯属巧合。

20世纪80年代末、90年代初，日本足球从俱乐部队到国家队，水平均在中国之下，有当时的亚洲俱乐部杯和国家队预选赛成绩为证。1991年，川渊三郎开始担任J联赛主席，开始了持之以恒、卓有成效的改革创新。同期，我们也发布中国足球十年规划纲要，分水岭就从那一刻开始了。

我无意再翻开中国足球历史的"伤疤"，网上的资料多的是。20世纪90年代，当我们把成为世界杯前多少名、亚洲杯多少名作为绩效考核目标的时候，J联赛却平行做出了多个动作，而这些动作看似与最终成绩没什么直接关系：

在球员培训上坚定向巴西学习，在经营管理上向欧洲看齐，完善联赛体系。

有人说：日本人不想登顶吗？学习巴西，培养小孩子；抓管理，效仿百年欧洲；搞好联赛；这些与世界杯出线、亚洲杯夺冠距离太遥远了。没错，这就是水平思考和垂直思考的差别，日本人要的不是短期效益，人家要的是星辰大海。

1992年，日本职业足球联赛——J联赛——创立，这也是继韩国K联赛后，第二个成功开展职业足球联赛的亚洲国家。J联赛将济科、莱茵克尔、利特巴尔斯基等世界足球巨星及迟尚斌、贾秀全、洪明甫、黄善洪等中、韩足球名将请来，与日本球员同场竞技，使日本球员在竞争中不断汲取营养，经受锻炼和提高。

J联赛坚持请进来、走出去，谦卑务实的学习态度。从聘请荷兰教练奥夫特开始，日本足球队相继将特鲁西埃、济科、扎切罗尼等欧美著名教练罗至麾下，不断学习、消化和掌握世界足坛最先进的技战术打法。

日本足协鼓励并帮助成千上万的青少年选手自费到巴西留学，化整为零，长年扎根在巴西职业足球俱乐部中，零距离学习巴西球员原汁原味的技术。因此，日本球员在带球突破、传切配合、攻防转换、破门得分等方面都打下了深深的巴西烙印。日本足协积极支持本土球员进军欧洲联赛，如早期的奥寺康彦、木村和司、三浦知良、中田英寿、前园真圣、稻本润一，现在日本球员在欧洲遍地开花。

日本最优秀的退役球员往往投身于青训工作，把自己的技术和经验等宝贵财富全部传授给青少年选手。几十年来，日本足协一直把青训工作当成头等大事，从娃娃抓起，打下坚实的基础。日本足球的青训工作一直处于亚洲甚至世界领先地位。

在做好以上基础工作的同时，日本人在竞技层面仔细钻研适合自身特点的优势打法。日本球员普遍身材瘦小，在人们的习惯印象中，对抗身强体壮的欧美力量型球员时，一定很吃亏。可是，令人大跌眼镜的是，日本队最拿手的就是收拾力量型球队。亚洲区的伊朗、乌兹别克斯坦、澳大利亚，非洲区的突尼斯、塞内加尔、喀麦隆及欧洲区的比利时、俄罗斯、丹麦、希腊等很多以身体、力量见长的球队，都曾被日本队轻松自如、游刃有余的传切配合打得疲于奔命，吃尽了苦头。

经过自上而下的不懈努力，日本足球在20年间不断地取得突破。在日本队参加的6次世界杯决赛中，3次杀出小组重围，跻身16强，在所有亚洲、非洲及中北美洲球队中首屈一指。2010年，在南非世界杯赛场上，日本队与拥有圣克鲁斯、巴尔德斯等巨星并处于历史巅峰期的南美劲旅巴拉圭队相遇。在1/8决赛中，两队激战120分钟不分胜负，日本队最后仅在点球决胜中负于对手。在2018年俄罗斯世界杯赛场上，日本队与当时世界排名第一的欧洲新贵比利时队争夺8强席位时，利用娴熟的"准巴西"式打法，率先打进两球，并长时间控制场上局面。若不是由于经验欠缺和运气较差，被对手在伤停补时的最后阶段进球反超，其前景更是不可想象。同时，日本足球界人才井喷。截至2019年底，日本现役旅欧球员高达56人，其中13人效力于五大联赛，绝大多数是所在球队的主力球员。日本国家队人才济济，后备力量层出不穷，仅选用清一色的现役旅欧球员就可组成几套豪华阵容，堪称名副其实的"欧洲联队"。

根据球员实力、赛场表现、竞争氛围、发展趋势等因素，可以给日本足球客观和准确的定位。毫不夸张地说，日本足球应该接近世界一流水准。如果保持目前良好的发展势头，假以时日，日本队跻身世界杯四强，绝对是可能的。

日本足球界用了20年时间，不仅使足球运动在本土健康发展，各级球队的水平得到全面提升，作为金字塔塔尖的国家队也水到渠成地成为世界劲旅，实现了登顶亚洲、成为世界一流的目标。

第二节
限制条件下的持续发展

能否站上等雨线，取决于在限制条件下的生存能力，对企业和企业里的人来说，皆是如此。任何成长都存在限制，有些限制是自发的，有些则是系统施加的。从根本上讲，关键不是追求持续成长，而是选择在哪些因素的限制之下维持生存。然而，理解系统受到多重因素限制，对即将到来的下一个限制因素保持警惕，并不是实现持续成长的秘方。在限定的环境里，任何物质实体要想永远保持成长是不可能的。因此，从根本上讲，关键不是追求持续成长，而是选择在哪些因素的限制之下维持生存。

任何一个有着多重输入和输出的物质实体，包括人口增长、作物生长、生产过程、经济发展等，都受到多重限制因素的制约。随着系统的发展，系统自身会影响和改变各种限制因素，也在这一过程中实时地受到各种限制因素的影响。系统与其限制环境之间构成了一个相互进化的动态系统。

一、温格的平凡之路

在限制之下持续发展，没人比温格更有发言权。

温格执教阿森纳22年，拿下3个英超冠军、1个欧冠亚军、7个足总杯冠军；2003—2004赛季以不败夺冠，创下跨赛季49场不败的纪录，16年过去，至今没有其他球队打破这一纪录。1998—1999赛季至2016—2017赛季，阿森纳连续19年闯入欧冠正赛，是欧洲足坛连续进军欧冠年数排名第二的俱乐部，仅次于皇马。而这一切只是建立在22年净投入1.3亿英镑的基础上，这个数字和其他豪门球队相比，有着巨大的差距。

"花小钱办大事"一直是温格做事的风格。其实，温格无可奈何，阿森纳为推进建设新球场计划，球队债务总额高达4亿英镑，只能靠变卖球星勉强维持。就是这样的阿森纳，在温格的带领下依然能够在英超名列前茅，成功挖掘出阿内尔卡、亨利、法布雷加斯、范佩西、贝莱林、马丁内利等未来之星，同时积累了一众死忠球迷。

从某种程度上说，正是温格的存在，延缓了阿森纳坠落的速度，甚至掩盖了球队早该被解决的问题。当他离开后，再也无人能扶大厦于将倾了。《泰晤士报》曾以一篇头版专栏文章支持温格。报纸头版通常是留给国家领导人，而不是足球教练的。这篇文章只有293个字，可能是你在一份国家级报纸上能看到的最热情洋溢的赞扬："在财力范围内运营球队成了他的标志，对于所有努力地削减开支而又不愿意削弱经济竞争力的政府来说，他都是一个榜样。"

1. 由战略驱动的人才选育用留

组织致力发展的人才，应限于那些不容易在劳动力市场上获得的人才。更深刻地说，重点应围绕对组织的全面成功及战略实施至关重要的技能。

由于条件限制，温格无法大手笔购买优秀球员，所以有了一套独特的人才选育用留方法。

温格首先选择那些"年轻"球员。这个"年轻"一方面是年纪轻，另一方面是心态年轻，有进取心。如果二者兼顾，当然最好，如果二者只具备其一，温格会果断选择后者——那些持续具有积极性的人。

这种持续的积极性适用于足球、商业，以及你在生活中从事的一切。但是，什么是积极性？温格给的解释是，自我驱动且一直保持。温格教授说："大家从1月1日开始节食，有的人持续到1月中旬，有的人在6月中旬放弃，而有的人坚持到底，我们感兴趣的就是坚持到底的人。成功的运动员不是幸福的人，而是意志坚定，做好了为成功而承受痛苦的人，那就是我们寻找的人——在很长的时间里严格要求自己，相互之间也能严格要求的人。"

吉尔伯托·席尔瓦在加盟阿森纳的时候已经26岁，球风朴实，甚至有些平庸，并不符合温格的年轻、灵巧路线，但席尔瓦有着天生的积极进取心。在巴西，席尔瓦被称为"看不见的墙"，因为他在场上时不被注意，在中场拖得很靠后。在这里，他是后防线前的屏障，在对手进攻时予以破坏性的打击。在2002年世界杯赛场上，席尔瓦令人吃惊地成为绝对主力，踢满了全部7场比赛，虽然不显眼，但至关重要。大赛后，巴西媒体这样评价他："罗纳尔多和里瓦尔多在上面优雅地弹着动听的曲目，席尔瓦则在下面为他们扛着钢琴。"在2003—2004赛季阿森纳夺冠的历程中，席尔瓦也是关键的棋子。但是，他来到阿森纳的转会费只有区区450万欧元。

阿内尔卡是另一个温格用人的典型案例。1997—1999两个赛季，在温格的悉心呵护下，年仅22岁的阿内尔卡成为阿森纳的锋线主力，与维埃拉、奥维马斯、佩蒂特、博格坎普等一起，帮助阿森纳拿到英超和足总杯冠军。在两个赛季里，他一共打入27粒进球，在后一个赛季，他是队里的头号得分手。阿内尔卡曾获得1999年英超最佳年轻球员称号。效力阿森纳期间，他在各项赛事中共上阵90场，攻入28球。由于少年得志，阿内尔卡常公开宣称将要离队，而多家豪门俱乐部（如国际米兰、巴萨和皇马）和这名法国球员眉来眼去。虽然亲手栽培，但当温格发现他已经失去积极进取心的时候，立即以2230万英镑将其卖给了皇马。

足球从业者和商业从业者之间区别不大，持续的积极性是一个重要的不同之处。在商业中，你发挥出70%的潜力就可能很好地完成工作。但是，作为足球运动员，你发挥出70%的潜力是不可能有出色表现的。一名球员状态疲软就可能输掉全队的努力。因此，球队必须作为一个整体来运转，每个人都需要在场上和场下展示积极的态度，且持续积极，才能做出对团队正确的决定。

在心智方面选择"积极性"，在能力方面选择"适应性"。温格知道自己资金有限，不能试错，因此除了选择积极进取的球员，他也会选择实用性强的球员。温格时期的阿森纳球员特征非常鲜明，技术好、速度快及灵巧。这种选才方式决定球员的可塑性较高，技术好，能够胜任多个位置。如果是年轻队员，未来会有一定的发展空间。所以，温格选择的往往是有鲜明特点的多面手，这种多面手适应性较强、性价比很高。

同时，在挽留人才方面，温格又彰显出政委式的"组织弹性"。30岁以上球员的合同是一年一签。30岁过后，许多球员的身体状况和竞技状态会直线下滑，一年一签避免了长期合同导致的资金浪费，是对俱乐部良性发展的一种保障。同时，一年一签也给球员留下了选择权，毕竟自由球员不受转会费限制，有机会在职业生涯后期得到高工资。这个政策虽然看着冷酷，但在某种程度上也算是对球员的鞭策。合同一年一签降低风险，可以激励老将继续努力，争取新合同，也给了老将自由转会的权利，一举两得。

积极性、适应性加管理弹性，温格彰显了限制条件下的"窈窕身段"。这种选材战略的形成，源自温格治下的球队对场面华丽的追求超越了比赛胜负。虽然球队的职业目标就是取胜，但温格认为任何伟大的球队都必须拥有以华丽的方式取得胜利的雄心，必须想着那些花许多钱看比赛的人们。你必须始终将这一点放在心上，希望早上醒来怀着热爱前往体育场的人们能够在回家之后仍然感觉到这份享受。积极的球员、具有高度适应性的球员、弹性的管理制度，最大限度地保障了球队在限制条件下尽可能发挥到最佳水平。

2. 一米阳光

20世纪90年代末，我进入一个部委工作。那时正值深化改革阶段，部委人员精简，经费严重不足，刚刚离开校园的我进入部里的三产公司。该公司说是三产公司，其实就是原来的一个所谓技术创新处，算上处长和两位管财务的大姐，一共7个人。在这种情况下，别说创新，就是基本工资都无法保证，对我来说是死路一条。

我们当时的处长二十七八岁的样子，胖乎乎的，一笑眼睛眯成一条缝，很有亲和力。当时部里给了我们一间门面房和几十万元的启动资金，但算是借给我们的，用现在的话叫作明股实债。正当我绝望地每天只能看小说度日的时候，处长圆圆的脑袋像机器猫开动一样开始输出了。

由于我是学计算机的（其实我是数学系毕业），处长在部里到处承揽IT业务（装兼容机），也不管我会不会。当然，这玩意还是一学就会的。还有一个科员是学通信的（雷达），处长就到处宣传我们可以搞通信网络（卖程控电话）。另外有个临时工，干过几天水暖工程，于是处长就向部里领导汇报，可以承接制冷工程（空调安装）。于是，处长在各种部里的内部会议上宣传我们有三大业务板块，IT、通信、制冷工程……很多时候，我和处长出去见客户，听完他介绍我们公司，我都觉得恍如隔世，这感觉直到20年后我创业时给投资人讲完BP（商业计划）才重温。不过，处长就是这么积极乐观，他对外的时候把部里的很多资源（比如，有多少专业工程师、能划拨的资金），都算作我们公司的实力。按照他的说法，只有积极向前冲才能打出一片天。

处长这套积极进取的打法真的赢得了不少客户，我们承接了很多大型工程。在承接工程的同时，处长利用个人魅力使部里领导投入资源支持我们这个小团队。两年之后，我们这家只有几个人的小企业产值达到近千万元，成为部里深化改革的先进标兵企业。

回溯那段奇幻的历史，抛开一切机缘巧合，处长的积极进取、乐观向上的思维方式，以及强大的适应能力，是我们这个三无小企业能够生存发展的核心竞争力。依靠处长的积极出击，在那个无序竞争的环境下，我们拨云见日，看到了一缕曙光。伦敦的阿森纳和北京的部委相隔数千里，温格教授和处长不约而同地践行了积极进取、能力适应的理念，在限制性条件下带领团队取得突破。对了，处长姓倪，大家都亲切地称呼他为"小倪"。

二、必须"犯规"的游戏

依据19世纪哲学家杰里米·边沁和约翰·穆勒的说法，正确的行动会产生最好的结果，这样的结果通常被理解为，涉及人们的福祉方面比任何其他行动产生的结果要好。把功利主义与每个参与的个体的福祉放在同等地位是最合理的。也就是说，最重要的是使所有受影响者的平均福祉最大化，他们自己幸福与否与其行为的道德价值相比不那么重要。

将以上这段拗口的文字翻译成中文，大意就是：在规则允许的范围内（包括犯规受罚），在代价可以承受的范围内（与产出结果相比），为了成功（受影响者的最大公约数）可以采用一切手段（合法的，可能不合情理）。

1. 上帝之手的侵略属性

作为资深球迷，在我的印象中，"上帝之手"一直是马拉多纳的专属，直到2010年世界杯。

2010年南非世界杯，乌拉圭队在八强战中面对加纳队，加时赛最后一分钟，双方2:2战平。加纳队还在疯狂进攻，安南在右侧开出任意球，站在门线上的苏亚雷斯在乱战中用膝盖挡出阿迪亚的射门。随后阿迪亚头球射门，球越过门将直飞网窝。此时的苏亚雷斯以苍鹰搏兔之势用双手将球在门线上拍出。故意手球，苏亚雷斯被红牌罚下，而加纳队获得点球。被罚下的苏亚雷斯没有向裁判辩解什么，因为红牌和点球无可非议。此时加时赛时间已到，可以说这粒点球一旦罚进将成为名副其实的"压哨球"，乌拉圭人再没有任何扳平的机会，而苏亚雷斯的红牌和被判罚点球也将成为"笑柄"。被罚下的苏亚雷斯停留在球员通道出口处，他用球衣蒙住了自己的脸，并不敢看吉安主罚这粒点球，似乎也不相信会有奇迹。但是，"奇迹"出现了！吉安的点球击中横梁飞出，场上的乌拉圭球员如死里逃生般地相拥庆祝，门将穆斯莱拉更是如感恩般地向着门梁咆哮，并且亲了亲自己的手套，然后拍了拍门梁。而苏亚雷斯一个人在球员通道入口处更为疯狂地庆祝。

在点球大战之前，乌拉圭队主帅塔巴雷斯特意拥抱门将穆斯莱拉，他笃信这位震慑住加纳队绝杀球的门将能给乌拉圭人带来好运。果然，穆斯莱拉两次扑出加纳人的点球，乌拉圭队最终死里逃生，笑到最后。这个时候，全世界都意识到在加时赛最后一刻，苏亚雷斯的这次"手球救主"，竟然成为世界杯历史上最为经典的一个镜头。赢得这场不可思议的胜利后，苏亚雷斯与队友在场上一起尽情庆祝。

苏亚雷斯本来是犯规的罪人，却成为乌拉圭队的头号英雄。

犯规是比赛的一部分，如果说比赛过程中的犯规可以被接受，那么苏亚雷斯的"上帝之手"就无可厚非了。当然，这一事件也成了媒体议论的焦点。有人说苏亚雷斯是乌拉圭的民族英雄，体现了一种牺牲精神；有人说故意手球有违体育道德，为赢球而不择手段是对足球运动的亵渎。之所以大家对苏亚雷斯手球的反响这么大，究其根源，是他扭转了比赛进程，改变了比赛结果。

足球比赛的可爱之处在于规则一目了然，比赛过程清晰可见，犯规就是犯规。与足球比赛相比，企业在条件制约下突破规则的束缚，很多情况下是不得已而为之的，而且更能改变结果。

我们习惯性地称呼某些球队的打法具有侵略性，也会称呼某些企业的战略具有侵略性，但侵略性并没有明确的定义。从比赛效果看，无论是巅峰时期的巴萨，还是鼎盛时期的曼城，都能够在场面上占据绝对优势，却很少有人会说巴萨、曼城的踢法具有高度的侵略性。但是，经常会有人说穆里尼奥的切尔西、西蒙尼的马竞具有极高的侵略性。一些球队具有压倒性的优势，但我们会称之为具有统治力，而不会称之为具有侵略性，所以侵略性隐含的意思往往是破坏性。统治力往往和建设性相关，比如巴萨、曼城。他们的比赛更多的是围绕自己的套路、自己的节奏。他们是孤独的舞者，对手可有可无。而具有侵略性属性的球队，更多的是在破坏对方。一个以破坏为主，一个以建设为主，侵略性就这么诞生了。回到企业当中，在鼎盛时期的 IBM，在其市场占有率超过 50% 以上的领域，几乎没有哪个人、哪个企业会说 IBM 是一个具有侵略性的公司。而很多互联网公司在野蛮生长的过程中，大家都会觉得不适，说它们具有极高的侵略性。这种侵略性其实就带有很大的犯规属性。当然，这不是单纯的破坏规则，而是有很多突破边界的行为。这种突破边界的行为对原有的格局或者原有的企业造成了很大的冲击，构成了对环境的破坏。

法国思想家布尔迪厄有过一个有趣的发现，他将人们所处的物理和社会环境称为"惯习"。他认为惯习模式不仅反映了人们头脑中的精神地图或分类体系，还不断地强化它们。这些模式有利于巩固精英的地位。精英想维持现状，他们有非常大的动力来强化文化地图、规则和分类方法。换种说法，精英阶层长期保持权力靠的不仅是控制资源，或者布尔迪厄所说的"经济资本"（金钱），还靠积聚的"文化资本"（与权力相关的标志）。他们积聚文化资本，让自己的精英地位显得自然，而且必要。

面对惯习模式,"犯规"有助于我们打破固有藩篱。"成王败寇",普通犯规代表你学艺不精,而做出扭转乾坤的犯规行为就是英雄。

2."内隐规则"

马基雅维利认为我们生活的世界并不是一个由品行端正的人组成的平静且可预测的环境。马基雅维利描述的"真实的世界"不可预测,充满麻烦,由自私自利的人组成。好的计划可能得到糟糕的结果,糟糕的计划有时歪打正着。很多事情超出我们的可控范围。领导者很少有无限的自由和资源,因此必须做出痛苦的抉择。

1986年,美国加州大学伯克利分校的布伦达·乔·布雷德梅尔和大卫·希尔兹采访了40名运动员,他们得出一个结论:运动员在比赛中处于一种"游戏框架"中,他们参与"游戏推理",这允许他们采用与外部世界不同的行为准则。他们把这种现象称为"内隐道德"。这意味着,当运动员走上运动场时,他们就进入了一个平行空间——这里有不同的边界。在这里,遵守道德并不总是正确的。换句话说,一旦有人进入这个游戏框架,他们就会以不同的方式判断自己的行为,而在外部世界时并不会这样。

企业在发展过程中是不是也存在"内隐道德"?我觉得这已经不是道德能涵盖的,暂且称之为"内隐规则"。这是一个中性词，以区别于"潜规则"等特殊场景下的用语。

犯规是带有贬义的动词，但犯规动作本身有中性的。犯规一般可以分为两类：一类是"敌对型"，这种行为由愤怒情绪或挫折驱动，因为看到有人受伤或受到惩罚而激发；另一类是"工具型"，这种行为的动机不是想伤害别人，而是为了实现一个有价值的目标。马赛队和法国队的前队长迪迪埃·德尚的经历很好地说明了这一点。在他觉得需要犯规的时候，他的行为背后总是隐藏着攻击性。"我从来没有想过要伤害别人，"他说，"尽管我们称之为'聪明的'或'有用的'犯规，但仍然是犯规。一旦我被黄牌警告，那就不会有更糟糕的后果。"德尚说，关键是做好自我控制，知道什么时候犯规不会被处罚，什么时候犯规会"超出裁判的容忍范围"而被处罚。"这要靠你自己去感觉。这是一种感觉，也是一种悟性。"

几乎所有有企图心的行为都含有一定攻击性，为个人成长、为实现目标、为获得尊重、为赢得市场等。攻击性总是在试探规则的边界，这种工具型犯规有助于突破边界。

前些年非常流行的一句话："羊毛出在猪身上，狗来买单。"这句话的意思就是让直接的顾客少花钱或不花钱，企业从第三方获取收益。

基于第三方的盈利模式优化，交易双方把成本转移到第三方，或从第三方那里获取收益，这是所谓"互联网思维"的一部分。这与传统的双方交易、成本转移获利方式不一样。这里的成本，不是交易过程中产生的成本，而是实实在在的企业内部的成本，包括企业内部随产量增加而同比例增加的可变成本，以及不随产量变化而同比例变化的固定成本。甲乙交易，乙方获益却不负担成本，第三方负担成本，这种做法看似不符合传统商业规范，颇有犯规之嫌。按照这种"犯规"模式快速诞生了一批"天使"，也同时释放了"魔鬼"。

上海松江思贤路上有很多声名赫赫的企业，斐讯大楼就坐落在西北角。很多人是从上海市中心不少地铁站的广告开始知道斐讯的。那时候，斐讯路由器就用这种方式润物细无声地进入大量地铁一族的意识里。

斐讯曾是中国智能手机著名企业之一，但在激烈的竞争之下，不敌小米、华为等对手，手机业务很快落后。之后，斐讯将业务转向了路由器。

斐讯路由器的经营模式很特殊，在电商平台上打出了"0元购"的口号。什么是"0元购"？那就是消费者在购买399元的斐讯路由器之后，通过在联璧金融平台上注册并投资，便能够免费提现399元。这就相当于白送路由器。这一活动吸引了大量"羊毛党"的注意，斐讯路由器由此销量大增，一度卖得比TP-LINK、华为等大品牌还要火热。那时，斐讯以强悍的姿态，成功夺得中国销量第一的路由器品牌之位，表现令人瞩目。从表面来看，斐讯此举是为了卖路由器，但实际上是给联璧金融吸引新客户。没错，联璧金融实际上也是斐讯旗下的产品。这个"0元购"活动，比广告花费少得多，也更有效。由此，联璧金融的用户数量得到保障，吸收的资金也迅速膨胀。

如果游戏到此为止，这将是又一个打破藩篱不逾矩的创新案例。斐讯路由器成本就50元，那时互联网App的获客成本也要几十元，用每单50元的成本迅速获取数百万用户，且用户的沉淀资金在平台上被斐讯无息使用两个月，这无疑是一个超级划算的买卖。这就像苏亚雷斯手球犯规一样，毕竟是在规则之下行事。如果走到这里斐讯及时收手，那么这种"犯规"的结局就只是造就了一个新的营销神话，愤愤不平的只能是被"0元购"冲垮的竞争对手。然而，天使总是和魔鬼相伴，斐讯最终放弃了初心，从促销路由器发展到金融诈骗，本来漂亮的犯规战术变成了犯罪。

第三节
"全攻全守"的曼城

其实并不存在字面意义的"全攻全守"。正如佛家的"离言绝虑"，文字表达总有边界，但思维的演化不是。信奉全攻全守的瓜迪奥拉治下的曼城依然能够清晰体现出几名后卫和中场球员的分野，比赛态度、资源投入、空间切割、时间规划、球权认知、执行路径等都在不断变化，可见全攻全守依然处于永无止境的演化过程中。

一、攻守从未平衡

从足球哲学到比赛内容，再到竞技成绩，当今世界有4位主帅在用不同的方式诠释全攻全守战术及其精髓——穆里尼奥的防守反击、瓜迪奥拉的极致传控、克洛普的重金属炮轰及图赫尔的菱形切割。如果从极致防守到极致进攻进行排列，穆里尼奥会被排在最左侧，中间偏左是图赫尔，中间偏右是克洛普，最右侧就是瓜迪奥拉。

1. 穆里尼奥

穆里尼奥的足球哲学是制造平衡并打破平衡。大家都知道防守是穆氏球队的根本，而进攻相对简陋一些。其实这也没错，穆帅球队的全攻全守是由防守打起的，通过主动放弃球权，迅速落位，使球员尽快处于理想的防守位置，造成场上的平衡。很多球队重视防守，而穆里尼奥的防守让大家有一种窒息的压迫感。原因在于，穆里尼奥的防守要求专注度极高，在明明可以控制局面的情况下，仍然会主动放弃球权，落位防守，而且要求全员防守，防守落位既深又有张力。防守不是目的，其实是专注于断球反击的一瞬间，进攻的速度极快。既要专注收缩，又要专注反弹，这种高强度全力以赴的压迫感不仅让对手不适，也让本方队员很难适应，尤其一些纪律性较差、有进攻天赋的球员。所以，穆帅选才都是纪律性好、执行力强、有速度、有硬度的球员，比赛场面虽然有时沉闷，但整体表现是至刚至猛的铁血之师。同时，穆里尼奥的打法对队员的精神属性要求很高，要求队员在极端被动的情况下高度专注，所以他的训练也百分之百地集中在实战练习上，所有的练习都跟实际的比赛息息相关。在他执教之下，队员在面对组织更好，更具侵略性的对手时，战斗力会变得更加强大，就像弹簧一样，压得越狠弹力越强。不得不说，有时候，这会给队员造成一种假象，只有选择被穆里尼奥"洗脑"，按照穆里尼奥的方式行事才能解决问题。所以，每当穆里尼奥的"神功"起效的时候，总会聚集一批拥趸。

2. 瓜迪奥拉

瓜迪奥拉贵为"名门正派"，理念却和穆里尼奥如出一辙。瓜帅也擅长制造平衡，然后再打破平衡，只不过他制造平衡的手段是通过全场的掌控球权来实现的。所以，有时候你能看到伊涅斯塔、京多安或其他球员在持球过程中，突然停下来一两秒，通过制造一种稳态，让球员尽快处于理想的攻击位置。瓜迪奥拉有一个说法，"低于15次传球的进攻都是不成功的"。其实，他是希望通过传控来控制场上局面。这是一种高度的自信，他需要掌控全局，把场上的局面稳定下来，再由自己亲手打破。

瓜迪奥拉在进攻方面做得更加极致，两个边后卫更多的是扮演球队后腰的角色，双中卫也会轮流插上，前场的"无锋阵"高速运转，使中前场人数总是占据压倒性优势。瓜迪奥拉的球队总会尽快开始逼抢，不给对手控球时间。这是一种防守策略，是一种积极主动的防守方式，所以没有必要进行传统意义上的后撤防守。球员在成功断球之后，长时间控球，让其他球员处于理想的攻击位置。

瓜迪奥拉具有开创性思维，将足球比赛理解为每个区域的战争，通过高频次传球和轮转跑位令对手的防线在每一刻都处于被动之中，直到出现空当，同时创造出本方局部的人数优势。在比赛中，球员要发挥出灵活跑位的优势，不拘泥于战术和位置的限制，根据比赛的发展和战术的要求，灵活地选择自己的位置。他们经常会在边路及肋部创造出本方球员多于对方防守球员的进攻态势，从而产生突破。为了强化空间和跑动，瓜迪奥拉牺牲了传统支点中锋，选择更加灵活的球员处于中锋位置，以梅西这种类型的伪9号球员为典型代表。"伪9号"的出现能够保持球场上每个位置的球员的速度与移动，球员通过灵活跑位保证整体传球的流动性，时时刻刻地创造出空当，从而展开进攻，"无锋阵"由此而来。

3. 克洛普

克洛普是"高位压迫"战术的践行者，他的战术介于瓜迪奥拉和穆里尼奥的战术之间。

克洛普指出，高位压迫会让球员在更靠近对手球门的情况下断球，这意味着距离破门良机只缺少一次传球。即使世界上最好的进攻型中场球员做的也无法像高位压迫一样出色，这是这一战术如此重要的原因。巴萨和多特蒙德队（以下简称"多特蒙德"）都试图迅速断球，但这么做的原因完全不同。瓜迪奥拉的球员在逼抢时非常出色，但他们的做法是让一名球员去逼抢持球球员，让其他球员去封堵对手的传球线路。克洛普的球队不会考虑这么多，做法更加极端。他们用更多的球员去逼抢持球球员，几乎是用恐吓的方式断球。这也解释了克洛普通常使用习惯内切的中场边路球员，去快速压缩对手的持球空间。

其他球队往往习惯保持三条线紧凑，但克洛普更关注阵形横向紧凑，习惯在边路通过压迫断球。当对手试图在后场长传时，克洛普会把高位压迫和更传统的逼抢结合在一起，通常让一名球员去逼抢对手的中后卫，等对手将球传到边后卫或中场球员脚下时再开始真正的逼抢。他的球队很少使用全场逼抢战术，因为这会鼓励对手大脚开球解围。出色的高位压迫和跑动能力意味着场上多出了一名球员，克洛普的球队跑动数据往往被人津津乐道，因为他们的体能看似无穷无尽。

4.图赫尔

图赫尔出身于多特蒙德，他的打法第一眼看上去偏向瓜迪奥拉的传控打法。他的确追求控球在脚，但他的控球不是瓜迪奥拉主动性的控球，他的控球是战术性控球，追求控球，但不痴迷于控球。图赫尔几乎集合了穆里尼奥、克洛普、瓜迪奥拉三大名帅的精髓，效果明显。

图赫尔在防守方面借鉴了穆帅的收缩中路、高位逼抢、密集防守，防守人数只多不少。在跑动方面，图赫尔借鉴了利物浦的"疯跑流"，尤其是两个边翼卫，从后场疯抢到球门前，几乎是边卫、边锋甚至内锋的集合，全队机动性极强。在进攻方面，图赫尔几乎照抄瓜迪奥拉的"无锋阵"，除了三名中后卫中的两人及后腰相对固定，其他人大范围穿插跑动。由于图赫尔经常在场边做出大角度交叉跑动的手势，球迷戏谑地称呼图赫尔的战术为"菱形切割"。

虽然图赫尔的战术借鉴了三位名帅，但依旧有诸多创新。在防守方面，他比瓜迪奥拉更注重防守深度和落位，而不是一味追求控球，但比穆里尼奥防守更积极，逼抢的位置更加靠近前场。他的中场用人相对轻灵，因为在三中卫的基础上，结合控球中场球员，中路已经足够稳固了，不需要更多的扫荡型选手，所以坎特这种铁血后腰经常没有办法占据中路的位置。在控球方面，图赫尔也打"无锋阵"，追求控制局面，但更追求反击的速度，并不拘泥于进攻的落位，在反击的速度上接近穆里尼奥。在进攻人员的堆积上，图赫尔和瓜迪奥拉如出一辙，但位置摆放略有不同。瓜迪奥拉的碾压优势部分来自两个边后卫内切到中路，承担中场后腰的职责，边卫更多的是横向移动，造成中路人员优势，从而使中场球员可以转换为前锋。图赫尔擅用三后卫，两个边翼卫纵向插上，非常坚决，更多的是替代边锋和内锋的作用。每当两个边翼卫表现不尽如人意的时候，图赫尔的球队就会表现得比较挣扎。在传球选择上，图赫尔虽然像瓜帅一样追求传控，但不排斥大范围长距离地转移和突击对方球员身后，对于丢失球权也不像瓜帅那么在意。在全场的跑动范围上，他虽然借鉴了克洛普的全场逼抢，但更多的是且战且走，并非全场硬桥硬马地逼抢。在无法短时间获利的情况下，他会主动选择后撤，落位防守，多了一丝弹性和韧性。

现代足球的技战术打法就是一个不断创新、不断扬弃的过程，每次变革都能催生一支杰出的球队引领潮流。这亦如成长型企业，就像在未经勘探的海域上航行的船只，必然需要灯塔在汹涌的波涛中指明方向。一般的成功模型就是起这样作用的，都经历过实践的验证，它们的价值在于帮助人们更容易地理解复杂的运动。然而，正如管理学教科书中提倡的最佳实践和管理理念，从统计学的角度来说，这都是一般规律和中心趋势，是大家回归所向的平均值。如果向这个目标努力，顶多是随大流，与对手持平，并不能够获得竞争优势和卓越绩效，如果达不到这个水平，就很可能处于竞争劣势。

二、像"曼城"一样踢球

想踢出高效的足球没那么简单。简单的方法是严格遵守教练在赛前制定的战术，但这种缺乏灵活性的队伍在强大的对手面前表现欠佳。绝大多数普通球队长年累月都是如此，队员和教练疲态尽显。教练可以给个体球员更多自由发挥的空间，但可能战术执行效率太低。索尔斯克亚执教曼联的三年间几乎就是这个做法，偶尔通过英雄人物的灵光乍现赢得比赛，但球队长期的系统能力几乎没有形成。教练也可以找到一批优秀球员，用自组织的方式堆叠出一支完美的球队。但是，我们知道，优秀的球员未必能组成出色的球队。一支优秀的球队需要不同的协作机制贯穿其中，以发挥出更大的创造力，允许几个队员组成临时阵型，便于进攻，同时保留最基本的阵型。

但是，有没有更杰出的组合方式呢？若想达到最优的境界，就必须突破传统思维方式，那就是像曼城一样踢球。为何选择曼城做参照而不是巴萨？那是因为巴萨有五十年一遇的杰出人物——梅西，梅西的存在使一切比赛变得简单。而曼城从建队初期到鼎盛从来没有过可以以一己之力扭转乾坤的人物，曼城更加精确地诠释了瓜迪奥拉的系统性全攻全守理念——依托个体、依赖整体。

曼城遵循一套简洁而系统的理念：

（1）尽量通过近距离快速连接来控球，形成有效的控球系统。

（2）每名球员都要从整体角度思考，注意力的中心要始终放在球的持续动向上，聚焦每个球权。

（3）任何球员都可以扮演指挥官，策动进攻，也可以围绕任何球员发起有组织的防守。

（4）作为一支球队，当球在整个场域中的位置持续改变时，所有球员负责所有的角色和位置，所有行动通过全攻全守的体系连接，时刻践行整体大于部分之和的理念。

企业如何从中汲取养分呢？其实，我真的不知道，这也是写这本书的初衷，试图去解读，但只能做类比，最多在中观和微观层面呈现，远远到不了宏观层面和世界观层面。至少在本书中，很多感悟是作者随性而发的，不是有组织、有系统的。

全攻全守的本质之一是分布式领导力

从中心扩散至边缘，从一个点分散至多个点，然后再以更直接、更多交互的方式连接起来，形成系统效用。互联网的兴起革新了信息沟通方式，使分布型和分权型组织成为可能。随着领导力由集中式变成分布式，甚至突破组织自身的边界，新的可能产生。这种突破还意味着心智与物质的重新整合。在前文中提到过从肌肉记忆到心智记忆，那个阶段更多地强调从战术执行到战术内化，心智与物质仍然有距离。传统系统最突出的特点是领导力源于顶部，和末端执行侧的距离很长，心智（领导力）与物质（一线工作）之间近乎是单向的。在早期实践中，有些组织通过放权和部门划分得到了一定程度的改善。在后来的发展中，通过横向的网络化组织，领导力得到了进一步的释放。而终极做法必定是每个位置都是进攻的核心，也是防守的核心，每个个体都能看到整体，整体也能看到个体，整体随个体变化而动，个体也随整体趋势随时调整自己的姿态。个体看到系统，系统看到自身，系统由此前进到全攻全守的状态。

每个队员都是核心，都可以发动进攻，每个队员都可以自己为主进行成功的防守。

不区分任何一个队员，无论是谁都要从整体的角度去配合对方，形成一个人人为我、我为人人的整体。任何队员在进行以自己为核心的防守的过程当中，其他人都要去配合。每个人都可能成为主帅，每个人都要为另一个随时出现的主帅去服务，领导力源自每个人。

全攻全守本质之二是整体大于部分之和

一个成功的系统，首先要保证个体目标和系统总目标一致。系统要保证整体目标一致，需要一套内在的机制来保障整体性。任何系统都包括三种构成要件——要素、连接、目标。系统会产生各种变化，对各种事件做出反应，对各种错误或不足进行修补和调整，以实现目标。它具有适应性、动态性、目的性，并可以自组织、自我保护与演进。系统中的某些要素很重要，但一般说来，改变要素对系统的影响最小。即使更换了一支球队中的所有队员，它仍是一支球队（当然，可能表现得更好或者更糟）；一棵树的细胞、树叶年年都在不断地变化，但它仍是同一棵树；你的身体每隔几周就会更换掉大部分细胞，但那仍是你的身体；大学中的学生每年都在不断流动，教授和管理人员也会发生变化，但它仍是一所大学。总之，只要不触动系统的内在连接和总目标，即使替换掉所有的要素，系统也会保持不变，或者只是发生缓慢的变化。

如果内在连接改变了，系统就会发生巨大的变化。拿球队来说，如果球员之间的关系更紧密了、配合程度提高了，即使还是那些球员，整支球队也可能让人耳目一新；如果改变足球或篮球比赛的规则，我们肯定会看到一种全新的比赛；如果我们改变树木中的内在连接（例如，不再让它吸入二氧化碳、呼出氧气，而是相反），那它就不再是树了（或许会变成动物）；总之，改变系统中的内在连接，会让系统发生显著的变化。

在竞技体育中，对整体的共识比较容易达成，在企业实操环境下就没这么容易了。在赛场上，某个危险区域需要协防，有经验的职业球员一目了然，即使之前没有与队友合练过也不至于见死不救，这是基本常识。在企业运营过程中，识别整体目标、进行取舍是个难题，强化要素的连接而不是强化要素才是整体大于部分之和的法门。

全攻全守本质之三是极致体验

传控打法并不是瓜迪奥拉首创的。20世纪80年代，那时候的传控打法的鼻祖是巴西的桑巴足球。1982年世界杯，巴西队遭遇滑铁卢，被意大利队以链式防守击败。摆大巴防守反击并不是穆里尼奥的首创，意大利队曾经以此为主要战术，三夺世界冠军。不过，穆里尼奥在前人基础上，把防守反击打法推向了另一个极致。西班牙队一直以传控为主，多次因实力不够而无法靠传控赢得比赛，但这不能说是传控的失败。

很多事情短期看不乐观，长期看就会有不同的发现。从20世纪80年代开始，巴西、荷兰、西班牙等国家队不断开始尝试，直到2010年西班牙队夺得世界杯冠军，传控足球才被公认为一种全新的、具有统治力的打法。各类球队一窝蜂效仿，甚至力量型足球的鼻祖德国队也通过学习西班牙队的方式夺得世界杯冠军。不过4年之后的2018年世界杯，德国队负于韩国队，连小组赛都没出线。其实，这不是传控不行，也不是摆大巴不行，而是任何没有做到极致的打法都不行。

过去十年来，IT行业中有"去IOE"的说法，大意是传统的IT三强（IBM，ORACLE，EMC）没落了，需要被替代。这说法从宣传口径看也没有大错，毕竟这些传统IT企业在云计算的大潮冲击下疲态尽显。事实上，这些企业在巅峰时期的企业文化、运营管理依然是非常值得学习和借鉴的。取代这些老牌企业的新贵，比如新兴互联网公司，其实问题多多，但这些公司在新技术应用和新需求满足方面，都占得了先机。所以很难简单评价，是IOE更有希望，还是互联网新贵更有前途，只能说它们各自在特定的时间、特定的领域做到了极致，所以取得了相应的回报。这正如，并非瓜迪奥拉的传控比穆里尼奥的防守反击更有生命力，只能说瓜帅在曼城把传控做到了新的高度，与绝大多数球队拉开了距离，无限接近全攻全守，因而可以独步天下。

后 记
平凡斗士　美丽比赛

2019年5月7日凌晨，英超倒数第二轮比赛，利物浦同曼城之间的冠军之争已经白热化。在前一日的比赛中，利物浦3:2小胜纽卡斯尔，在积分榜上以2分优势再次反超曼城登顶。欧冠赛场已经出局，背负压力的曼城背水一战。如果再失去英超冠军，那么这个赛季对蓝月亮军团来说无疑是巨大的失败。比赛进行到下半场69分钟，场上的僵局仍未被打破，这对于曼城来说很煎熬，因为在此前的12场胜利中，该队都是在63分钟之前奠定了胜局。所有人背负的压力都不小，包括场上队长——33岁的中后卫孔帕尼。

第70分钟，拉波尔将球推传至孔帕尼脚下，而对方后卫并没有及时上前逼抢，他们认为孔帕尼在距离球门25米远的地方并不具备射门的能力。不仅是莱斯特城防守球员认为孔帕尼无法将球射入球门，自己的队友也对他没有信任。阿圭罗、斯特林等人在孔帕尼将要起脚时，纷纷呼喊这位后卫不要射门，而孔帕尼显然也没有做好准备，他甚至将球向自己右前方又带了一步，以寻找更好的传球路线。虽然对方后卫没有上前逼抢，但这一步使射门的角度更小了。这一刻常规的选择是将球传到边路，自己马上回撤。对手似乎也更担心几位边路球员，对孔帕尼这位三十几岁的老将，只是象征性地用眼神在防守。此时，孔帕尼面前出现了一大片空当，他突然起脚怒射，一记带着诡异弧线的"世界波"直入球门左上角，这是理论上的死角。曼城进球了！那一刻，坐在电视机前的我有种被打蒙的感觉，周围的时空好像都停滞了。最终曼城以 1:0 的比分惊险击败莱斯特城，取得 3 分，在积分榜上再次反超利物浦。接下来，他们击败布莱顿，拿下这个赛季的英超冠军。可以说，本场胜利在很大程度上奠定了曼城的夺冠基础。而打入制胜球的功臣不是阿圭罗，也非斯特林、萨内等人，而是戴着队长袖标的中后卫——孔帕尼。

夺冠之后的孔帕尼功成身退，离开了效力 11 年的俱乐部。11 年时间，他共帮助曼城赢得 10 个重要奖杯。在离开的时候，他表达了自己的心境："这段时间，我一直在犹豫，是再续约一年，还是开启新旅程，直到那个进球来了，我知道上帝已经做出了决定，他在指引我怎么做。在对阵莱斯特城进球之后，我认为自己该走了。我无法做得更好了，是时候离开了。我为这家俱乐部付出了一切。我无法告诉你我心中的自豪，我付出了一切，没有丝毫保留。我倾尽了全力。11 年，这是一段难忘的旅程。"

生活就是这么魔幻，总在不经意间给人们启示。心静如水的我在新冠肺炎疫情开始阶段居然抑郁了，白天吃不下饭，晚上睡不着觉，本来标准的体重一下子掉了二十斤。经过一段时间的挣扎，我终于康复了，于是开始寻找病根，原来是死亡焦虑在作祟。这次抑郁，对我来说，就像上帝给孔帕尼的进球，是一种启示。那就是，我要和这个世界开始告别了，在走之前把能留下的都留下。

孔帕尼打完最后一颗子弹离开伊蒂哈德球场，我不想就这样离去，于是花了大约一年时间完成本书的整体框架。当这本书的整体架构竣工之际，正好赶上曼城在欧冠决赛中再次负于切尔西，瓜帅的封神之路再遇挫折。猛然间，我放松了很多。狂人穆里尼奥屡遭世人指责，因其放浪形骸，老好人安切洛蒂左右逢源，亦屡遭骂名，因其不求上进，瓜迪奥拉谨言慎行，集艺术与美感、智慧与能量于一身，仍难逃功败垂成之厄运，可见世间无超人，平凡的斗士、美丽的比赛方为常态。

记得完成上一本书的时候，我如释重负，颇有点"卸货"的感觉，在武汉火车站饱餐了一大碗热干面，填补空虚的肠胃，更像填充空荡荡的头脑。完成这本书后，我竟有意犹未尽之感，像个小孩花费全身力气爬到阁楼上，使出吃奶的劲儿，推开尘封多年的小窗，发现了一片广阔的世界。这本书，与其说是完成，不如说是开始，就像完成一记精准的长传，不是原地陶醉，而是需要迅速落位，继续进攻或者就地反抢。

　　创业是认知、创造和捕获价值的过程，它是人类实践表达的一部分。从这个意义上看，它与绘画、诗歌、音乐和故事类似。每个社会的人都有一套独特的自我表达方式，创业也是一种自我表达方式，就像绘画和音乐。每个人一出生就有唱和画的本能，但并不是每个人都会成为音乐家和画家。每个人都是独一无二的，但显然只有极少数人能做出杰出的事业，而多数人注定只会度过平凡的一生。即便如此，努力拓展认知边界依然是让人乐在其中的事情。本书提及的各种人与故事表明，成功创业有无数种方法。本书的目的是拓展人们对创业路径的看法。可以说，写这本书也拓展了我自己对创业和创业者的认知。

　　策划本书之时，原计划将最后一章作为终局篇，以便扼要总结主要观点，并试图展示它们如何以某种一致性方式串联在一起。但是，行文至此，却全然做不到了，因为各个章节并不存在必然的联系，又貌似存在密切的联系。这就像一场比赛，很难界定上半场的哪一次逼抢导致了下半场的变化，这也暗合了安东尼·罗宾斯的论断：无论采用什么战略、战术，成功最终都来自复合效应。即便如此，在某个特定的瞬间，我们依然可以深度探讨，这次逼抢的时机是不是合理、队形的保持是否最优，而针对这类选择如何在训练中予以强化。我不确定此书是否会有续篇，如果有，我希望是聚焦某个具体的场景，去探索"一般性"实操。慵懒主义倾向时常使我认为：归根结底，以某种规律的形式发展出一般性的指导是最明媚的风景。因此，在这个场景中走得更深很可能是下本书的目标。当然，那是下个赛季的事情了……